CONFÉRENCE FAITE

A LA SOCIÉTÉ ACADÉMIQUE DE COMPTABILITÉ

(Section de l'arrondissement de Valenciennes).

LE VRAI REMÈDE

A LA

CRISE SOCIALE

*Exposé succinct des Institutions créées en vue
du bien-être matériel, moral et intellectuel des classes travailleuses*

PAR

ÉDOUARD MICHAUX

Prix : **UN FRANC**

PARIS
Librairie GUILLAUMIN et Cie
Éditeurs du *Journal des Économistes*, etc.
14, rue Richelieu, 14

BRUXELLES
Librairie A.-N. LEBÈGUE et Cie
Office de Publicité
46, rue de la Madeleine, 46

Août 1886

VALENCIENNES

Imprimerie GIARD et SEULIN, Seulin et Dehon, Successeurs

LE VRAI REMÈDE

A LA

CRISE SOCIALE

———

LE VRAI REMÈDE

A LA

CRISE SOCIALE

*Exposé succinct des Institutions créées en vue
du bien-être matériel, moral et intellectuel des classes travailleuses*

PAR

ÉDOUARD MICHAUX

Prix : UN FRANC

PARIS	BRUXELLES
Librairie GUILLAUMIN et Cie	Librairie A.-N. LEBÈGUE et Cie
Editeurs du *Journal des Economistes*, etc.	Office de Publicité
14, rue Richelieu, 14	46, rue de la Madeleine, 46

Août 1886

SOCIÉTÉ ACADÉMIQUE DE COMPTABILITÉ

PRÉSIDENTS D'HONNEUR

MM. LES MINISTRES DU COMMERCE ET DE L'INDUSTRIE, DES POSTES ET TÉLÉGRAPHES ET DE L'INTÉRIEUR.

PRÉSIDENT

M. E. LOURDELET (✿), Président de la Chambre syndicale des négociants-commissionnaires.

SECRÉTAIRE - GÉNÉRAL

M. H. ROMBAU (O. A.), Professeur à l'Ecole des Hautes Etudes Commerciales, Rédacteur en chef du *Journal La Céramique et la Verrerie.*

SECTION DE L'ARRONDISSEMENT DE VALENCIENNES

CONSEIL D'ENSEIGNEMENT

MM. Charles THELLIER DE PONCHEVILLE, Avocat, Docteur en droit, ancien Bâtonnier, Député du Nord.

Fénélon SAINT-QUENTIN, Avocat, Docteur en droit, ancien Bâtonnier, Professeur de Législation au Lycée de Valenciennes.

Paul SAUTTEAU, (O. A.), Avocat, ancien Bâtonnier, ancien Président de l'Association populaire, Adjoint au Maire de Valenciennes.

Paul FOUCART, Avocat, Secrétaire-général de la Société de Géographie de Valenciennes, Vice-Président de l'Association de l'Enseignement populaire.

H. LEJEAL, Avocat, Vice-Secrétaire de l'Association de l'Enseignement populaire.

Frédéric RAUH, Professeur agrégé de Philosophie au Lycée de Valenciennes.

FITZ-PATRICK, Professeur d'Anglais au Lycée de Valenciennes.

LABAÈRE, Professeur d'Allemand au Lycée de Valenciennes.

Edmond DAZIN, Directeur d'Ecole à Roubaix, Président du Cercle Sténographique du Nord.

Edouard MICHAUX, Comptable, Auteur d'ouvrages sur l'Administration et la Comptabilité.

Arthur GILLET, (délégué de la Section) Expert - Comptable, Secrétaire de la Société des Employés de l'arrondissement de Valenciennes.

CONSEIL D'EXAMEN

MM. Emile DELADERRIÈRE, Avocat, Docteur en droit, ancien Bâtonnier.

Eugène BIRON, Comptable.

Adolphe BINET, Liquidateur, Expert-Comptable, Président de la Société de Prévoyance des employés de l'arrondissement de Valenciennes.

LE VRAI REMÈDE A LA CRISE SOCIALE

Institutions créées en vue
du bien-être matériel, moral et intellectuel des classes travailleuses.

MESSIEURS,

Le programme de mon cours de comptabilité est épuisé.

Nous avons entrepris l'organisation et la tenue de la comptabilité d'un établissement industriel, que nous avons supposé être exploité par une Société par actions. Nous sommes partis du berceau de l'entreprise, c'est-à-dire que nous avons pris la Société à sa constitution ; et, graduellement, en passant par les diverses phases de l'art d'acheter et de payer, de la transformation des matières et de l'art de vendre et de recevoir, nous sommes arrivés, en comptabilisant tous les faits dans un ordre méthodique, et, je crois, parfait — nous sommes arrivés au résultat final des opérations, que je vous ai présentées, en toute dernière analyse, sous la forme concise du *bilan* ordinaire.

Ma tâche serait maintenant finie, si je n'avais pris l'engagement — et je ne veux pas laisser protester ici ma signature — de clôturer la série de mes leçons comptables, par une étude sur les *Institutions créées en vue du bien-être matériel, moral et intellectuel des classes travailleuses*. Quand je dis « classes travailleuses », j'entends, pour le sujet qui m'occupe, faire rapporter l'expression aussi bien à la classe des employés, qu'à celle des ouvriers, qu'à celle des artisans en général.

Cette étude, Messieurs, vous le reconnaîtrez, emprunte aux circonstances présentes, le double bénéfice d'un sujet grave et d'une actualité ardente.

Que voyons-nous, en effet, en ce moment ?

D'une part, nous voyons le travailleur, en lutte incessante contre le paupérisme qui l'étreint, réclamer une plus large part, à laquelle il a légitimement droit du reste, dans la distribution, trop inégale, des conditions humaines ; d'autre part, nous voyons des agitateurs perfides, moins soucieux du bonheur des autres que de leurs propres ambitions et de leur fortune, venir exploiter indignement la position malheureuse de l'ouvrier pour le pousser — lui, souvent machine inconsciente surchauffée encore par les vapeurs violentes de l'alcool — pour le pousser, dis-je, à la révolte et le conduire à des excès et à des actes de sauvagerie brutale, comme ceux dont nous avons été tout récemment les témoins attristés, et qui rappellent, en grande partie, les exploits commis au XIVe siècle par les hordes organisées de la Jacquerie.

Aussi, il faut avoir le courage de le dire tout haut, et il serait dangereux d'encore le dissimuler, la situation est grave.

A la crise économique qui pèse si lourdement sur l'Europe entière, et dont je vous ai entretenu au mois de novembre dernier, vient donc s'ajouter une crise sociale, peu rassurante pour le présent, et qui fait concevoir des craintes sérieuses pour l'avenir.

Or, il importe de remédier à cette situation, et sans plus attendre.

D'habitude, lorsqu'une épidémie éclate, on s'enquiert bien vite de tous les moyens qui sont de nature à protéger la santé publique : on nomme des commissions d'hygiène et de salubrité, on élabore mille projets ; mais une fois le danger disparu, l'ardeur se perd, le zèle fait place à une apathie coupable et tous les utiles projets vont presque toujours s'entasser dans des cartons poudreux, pour n'en ressortir qu'au jour où le fléau vient de nouveau décimer les populations.

Eh bien, il ne faut pas qu'il en soit de même avec l'épidémie sociale.

En ce moment, on se livre aussi, et partout, à des travaux et à des enquêtes afin de chercher à découvrir le remède à la crise. A cet effet, un puissant appel a été fait au concours de toutes les bonnes volontés. Que ce soit la plume que l'on tienne, la parole que l'on exerce, l'influence que l'on possède ; que ce soit l'autorité dont l'on dispose, on doit employer ces armes pour combattre la misère, en même temps que pour défendre la sécurité menacée, la paix publique de plus en plus troublée. C'est même là, incontestablement, un devoir imposé à chacun de nous par le sentiment de la fraternité humaine.

La *Société Académique de Comptabilité*, œuvre de dévouement et d'abnégation par excellence, ne pouvait pas, moins que tout autre, échapper à ce devoir ; et c'est pour le remplir que je me trouve ce soir devant vous.

On a mis en avant toutes sortes de réformes, plus ou moins utiles, plus ou moins bienfaisantes, plus ou moins pratiques, pour résoudre la question sociale. Je ne suivrai pas dans cette voie messieurs les réformateurs, messieurs les rhéteurs sociologues. A quoi bon, d'ailleurs, risquer d'aller se perdre dans le domaine de l'"inconnu, alors que nous avons à notre disposition les éléments suffisants pour la solution du problème ?

Car, en somme, de quoi s'agit-il ?

Il s'agit tout simplement d'améliorer le sort du travailleur, de lui permettre de bien élever ses enfants, de préparer à ses vieux jours un repos honorable, en un mot, il s'agit de lui procurer le bien-être matériel et social.

Eh bien, l'*œuvre des logements*, les *institutions d'épargne, de secours mutuels et de retraite*, l'*assurance contre les accidents*, les *sociétés coopératives*, l'*enseignement professionnel*, ne sont-ils pas autant de moyens pour aider l'ouvrier et l'employé à monter peu à peu sur l'échelle sociale ?

Les moyens existent donc, plusieurs ont même pour eux la sanction d'une longue et heureuse pratique, et il ne suffit que d'en généraliser l'application. Pour arriver à ce but, il faut d'abord les faire bien connaître et tâcher de les faire entrer dans les mœurs et les habitudes, en démontrant les avantages et les bienfaits qui en résultent. C'est ce que, comme tant d'autres déjà, je vais essayer de faire aujourd'hui, bien-entendu dans les limites permises par une conférence.

Pour recueillir tous les fruits qu'elles sont susceptibles de porter, il est indispensable, selon mon sentiment, que ces institutions soient, dans la plupart des cas, soutenues, vivifiées par un patronage bienveillant, généreux et intelligent.

Et, à ce propos, je me demande si on n'est pas un peu en droit de formuler, à l'adresse d'un grand nombre, hélas ! d'un trop grand nombre peut-être de patrons, le reproche de s'en tenir toujours aux doctrines et aux pratiques individualistes, l'une des sources du mal dont souffre la classe travailleuse ? Oui, Messieurs, il en est qui oublient trop facilement que la loi générale de la vie sociale est une loi de mutuelle assistance, que l'ouvrier et l'employé ont besoin qu'on s'intéresse à leur destinée ; qu'il ne suffit pas de payer leur travail, mais qu'il faut aussi payer leurs abaissements, leurs soucis, leur santé qu'ils usent à servir les autres ; qu'il y a enfin obligation pour le patron de faire sentir son influence et son action aussi bien dans l'ordre social que dans l'ordre économique.

Les pouvoirs publics, à leur tour, ont une mission à remplir dans le grand travail d'apaisement des masses, mission dont il ne faut pas exagérer cependant la portée ; elle est toute comprise dans cette proposition : faire profiter la classe travailleuse d'un peu plus de justice et de protection. Mais gardons-nous de vouloir, à l'exemple de ces docteurs ès-sciences sociales, faire de l'Etat le « dispensateur universel des richesses et du bien-être. »

Messieurs, ces considérations préliminaires exposées, j'aborde l'examen des institutions dont je viens de vous faire, il y a un instant, le dénombrement.

Des logements d'ouvriers

L'institution que j'ai citée la première est celle relative aux logements : j'ai entendu parler des logements d'ouvriers. C'est donc à elle que j'accorde le priorité dans mon étude. C'est aussi de ce côté que doit d'abord se tourner l'attention des personnes soucieuses du bien-être relatif de tous. En effet, «c'est dans le problème des logements, dit M. Georges Picot, que réside le nœud de la question sociale. » (1)

Il y a un demi siècle que l'on s'occupe des habitations ouvrières ; mais ce n'est guère que dans ces dernières années qu'on a vu le mouvement grandir dans une proportion louable. Néanmoins, « cette œuvre sociale, dit encore l'auteur que je viens de citer, n'a, en général, été ni mesurée dans son étendue, ni entamée avec une résolution virile », surtout dans les grandes villes.

La nation qui a le plus fait, jusqu'à présent, pour l'œuvre des logements, c'est l'Angleterre.

A Londres, où l'on voit une notable partie de l'aristocratie faire des questions populaires l'objet de ses continuelles études, on est parvenu, depuis quelques années, à donner à 20,000 familles

(1) *Un devoir social et les logements d'ouvriers* par George: PICOT, membre de l'Institut. — Paris, 1885. — Calmann Lévy.

d'ouvriers « un logement convenable, en bon air, loin du tumulte et des agglomérations fétides ».

Il n'existe pas moins, en Angleterre, de 1800 sociétés d'achat de terrains et de constructions, la plupart ayant la forme coopérative. Ce nombre imposant d'associations est plein d'éloquence et justifie assez par lui-même le chemin parcouru chez nos voisins d'outre-Manche dans l'œuvre des logements.

En Allemagne, on a aussi fondé de nombreuses sociétés pour la construction de maisons ouvrières.

La Suisse, la Hollande, la Belgique, l'Italie ont emboîté le pas, et l'on voit s'élever, en divers points de ces pays, des groupes plus ou moins importants de petites habitations fort convenables et d'un prix de location relativement bas.

Enfin, en France, les villes de Lille, le Hâvre, Orléans, Nancy, Sedan, Reims, Amiens, possèdent également, grâce à l'association des capitaux, de nombreuses maisons ouvrières bien conditionnées, avec jardin, et se louant bon marché.

Dans cette nomenclature, je passe assurément des endroits que je ne connais pas et que mes longues occupations professionnelles ne me permettent pas de chercher à découvrir. Je laisse à ceux qui ont des loisirs, le soin de poursuivre l'enquête.

Mais où l'on constate généralement les plus grands efforts faits en faveur de l'œuvre sociale des logements, c'est, sans contredit, au milieu des agglomérations industrielles, et grâce à la généreuse initiative des patrons.

Si, comme nous le dit René Lavollée, en Allemagne le voyageur rencontre à chaque pas des agglomérations de maisons qui attestent la vigilance des patrons (1), on peut de même affirmer, sans crainte, qu'en France, les chefs d'industrie, les principaux du moins et ceux qui comprennent leurs devoirs, ont rivalisé de sollicitude en ce qui touche cette question.

Je ne vous ferai pas de longues énumérations avec descriptions, mon cadre ne me le permettant pas ; mais laissez-moi, au moins, vous donner un exemple, que je prendrai aux portes mêmes de la ville de Valenciennes — j'en trouverais vingt à citer rien qu'autour de nous — qui vous donnera une idée de ce que l'amour du bien et

---

(1) *René Lavollée.* -- Les classes ouvrières en Europe.

le sentiment de l'humanité et de la justice peuvent créer pour l'amélioration des classes ouvrières.

C'est à la *Compagnie des Mines d'Anzin* que je vais chercher cet exemple.

Dans les environs de chaque siège d'exploitation, cette Compagnie a fait construire de nombreux groupes de maisons, habitées tantôt par un seul, tantôt par deux ménages. Dans ce dernier cas, les logements sont disposés de façon que les ménages n'aient ensemble aucune communication directe.

Chaque logement, c'est-à-dire chaque moitié de maison est composée d'une grande cuisine et d'une seconde pièce formant la chambre à coucher, d'un jardin de deux ares, avec cabinet d'aisance et un puits commun à deux jardins, le tout loué 3 fr. 50 par mois. Mais les gros ménages occupent presque toujours une maison entière et paient alors 5 ou 6 francs par mois, selon qu'ils prennent ou non les deux jardins contigus. On comprend qu'à ces prix, la Compagnie s'impose un grand sacrifice.

Mais, mieux que cela, dans le but de pousser ses ouvriers à l'épargne, la Compagnie des Mines d'Anzin a construit, depuis 1867, des maisons isolées avec jardin, qu'elle vend au prix de revient. Jusqu'à présent, près d'une centaine d'ouvriers se sont, de la sorte, rendus acquéreurs de leur habitation. Cependant, comme la plupart montrent une prédilection pour des bâtisses d'un type différent de celui presque uniformément adopté par la Compagnie, celle-ci n'hésite pas à avancer les fonds nécessaires à ceux de ses ouvriers laborieux et économes qui veulent se rendre propriétaires de leur toit. La Compagnie rentre en possession de ses avances par des retenues effectuées sur les quinzaines. Au moyen de cette élogieuse combinaison, plusieurs centaines d'ouvriers sont parvenus à se loger sans presque s'en apercevoir.

La Compagnie des Mines d'Anzin a, de sa seule initiative, construit jusqu'à ce jour 2555 maisons !

N'eût-elle que cela au crédit de son compte « Bonnes Œuvres », que la Compagnie d'Anzin aurait bien mérité déjà de la reconnaissance de sa nombreuse population ouvrière.

Cette Compagnie a préféré, avec raison, le système de construction par groupes, appelés, dans le langage du pays, *corons*, aux cités et à ces massifs de bâtiments, sortes de vastes casernes, qu'occupent parfois des centaines de familles. Ainsi, à Londres, il existe un de ces bâtiments où se trouveraient réfugiées environ douze cents familles ! Mais là, comme ici, on aurait fini par reconnaître les inconvénients que présente ce genre de construction; par exemple,les conditions de l'hygiène y sont mal observées, puis, le contact trop immédiat qui existe ainsi entre tant de ménages est très nuisible à la moralité et à la paix des individus, étant surtout donné « qu'il suffit d'une mauvaise femme dans une cité, comme le déclare justement M.Henri Guary dans son excellent livre *L'ouvrier et l'état social*, pour détraquer toutes les autres. » (1)

L'œuvre des logements d'ouvriers, Messieurs, comprise comme elle doit l'être, c'est-à-dire en dehors de toute spéculation, je dirai commerciale, procure d'immenses avantages qui ont été cent fois longuement et savamment exposés et que l'on peut résumer en ces mots : bien-être pour l'ouvrier ; profit indirect et sécurité pour le patron.

Que ceux d'entre ces derniers qui n'ont encore rien fait, ou presque rien fait pour cette grande œuvre sociale, se hâtent ; car nous sommes en un temps de sacrifice obligatoire, et quiconque veut se soustraire à ce sacrifice, est jugé comme traître à l'humanité. Or, il est de l'intérêt de tous de s'éviter le supplice d'un tel jugement.

Caisses d'épargne

La caisse d'épargne est le mode de prévoyance le plus rudimentaire et celui qui se présente d'ordinaire le premier à l'esprit du travailleur ; elle représente le premier degré de l'éducation financière du peuple ; elle sert de point de départ, et non de but final, dans la voie de la prévoyance.

L'épargne, en général, sert à recueillir, pendant les temps prospères, des ressources pour les mauvais jours ; elle fait naître chez celui qui la pratique, des habitudes d'ordre, de propreté et de bien-être relatif qui font pénétrer en lui un légitime sentiment d'indépendance et de fierté ; elle l'arme contre le chômage, la maladie, les accidents, la vieillesse. Cependant, contre ces derniers malheurs de la vie, il existe des institutions particulières dont j'aurai à vous entretenir tout-à-l'heure.

(1) *L'ouvrier et l'état social*, par Henri Guary, ingénieur. -- Bruxelles, J. Saunes, 1872.

Il fut un temps, Messieurs, où les moyens de placements étaient si rares et si peu sûrs qu'on trouvait avantage à faire descendre ses petites économies au fond d'un bas de laine, ou d'un pot de grès, qu'on enterrait bien mystérieusement dans un coin obscur de la cave. Cet emploi de l'argent était peu lucratif, il faut en convenir, et pas précisément de nature à fortifier ce goût de l'épargne qu'excite aujourd'hui en nous de nombreuses institutions de rapport et de tout repos.

Je vais rencontrer quelques-unes de ces institutions et m'y arrêter juste le temps nécessaire pour faire ressortir et faire saisir les avantages qui en découlent.

Je dirai d'abord quelques mots de la Caisse d'épargne nationale, appelée *Caisse d'épargne postale*, dépendant exclusivement de l'Etat, et des *Caisses d'épargne locales*, formant des établissements particuliers, régis par une loi générale et placés sous le contrôle direct de l'Etat.

Cette création, que vous connaissez tous, est la reproduction de ce qui existe en Angleterre depuis vingt-trois ans, et plus récemment en Belgique et en Italie.

Voici, énumérées succinctement, les principales règles qui régissent ces caisses :

Les dépôts y sont reçus depuis la somme d'un franc. Les comptes ne peuvent excéder 2,000 francs pour les particuliers et 8,000 fr. pour les sociétés de secours mutuels et les institutions de bienfaisance admises à verser. — Les remboursements, partiels ou totaux, sont effectués dans la huitaine de la demande. — L'intérêt servi par la Caisse postale est de 3 p. 0/0 par an ; les Caisses particulières allouent généralement trois un quart et trois et demi pour cent. — Personne ne peut être en même temps titulaire d'un livret de la Caisse d'épargne postale et d'un livret d'une Caisse d'épargne ordinaire, sous peine de perdre l'intérêt de la totalité des sommes déposées.

Ce placement offre toute sécurité, et il commence à entrer dans les mœurs de la population française. Ainsi au 31 décembre 1884, la Caisse d'épargne possédait plus de *deux milliards*, appartenant pour la majeure partie aux ouvriers et aux artisans. Quoiqu'il en soit, on constate que la moyenne de chaque livret est peu élevée, et qu'elle témoigne la faiblesse et l'insuffisance de cette épargne — résultat, sans doute, du taux de l'intérêt, qui n'est pas des plus rémunérateurs.

Mais cette institution d'épargne n'est pas la seule qui soit à la portée des petites économies.

En voici une autre, qui a pris un grand développement en Belgique et qui s'est de même acclimatée en France depuis quelques années : je veux parler des sociétés en participation d'épargne.

Ce qui distingue ces sociétés et les rend recommandables, c'est, d'une part, le principe de l'obligation des versements à époques déterminées et rapprochées sur lequel elles reposent ; d'autre part, l'appât d'un gros gain possible qui a le don d'attirer vers l'épargne nombre de petits capitaux qui, autrement, iraient presque toujours se confondre dans les dépenses ordinaires de la vie : en effet, l'argent versé tous les mois par chacun des co-participants sert, en règle générale, et en vertu d'une disposition spéciale inscrite dans les statuts, à l'achat d'obligations à lots, rapportant intérêts.

Parmi les sociétés françaises en participation d'épargne, je citerai, à titre d'exemple, *La Fourmi*, fondée à Paris en 1879.

Cette société pourrait suffire, elle seule, à démontrer les prodiges que peut atteindre la petite épargne lorsqu'elle est bien entendue, lorsque les capitaux sont intelligemment gérés.

Ecoutons, au reste, comment elle se définit elle-même, et nous aurons tout de suite une idée de ce qu'elle est et de ce qu'elle vaut :

« **La Fourmi** est une variété des plus ingénieuses de la Caisse
« d'épargne. Elle repose sur l'idée d'association des petites écono-
« mies accumulées, en vue d'acquérir, *par série de dix ans*, le
« plus grand nombre possible d'*obligations françaises à lots*
« (valeurs de tout repos) *dont le capital et les intérêts seront*
« *partagés, lors de la liquidation, ainsi que les lots, s'il y a lieu,*
« *entre tous les membres de la même série, et au prorata de la*
« *mise de fonds de chacun d'eux.*.

« Les sociétaires versent 3 francs *par mois et par part sous-*
« *crite.* On peut souscrire autant de parts qu'on désire. Il est déli-
« vré des livrets au nom des femmes et des enfants.

« Les fonctions du Conseil d'administration et du Comité de
« censure *sont gratuites.* De plus, tout participant a des droits,
« non sur une obligation quelconque, mais un droit proportionnel
« sur la totalité des valeurs acquises par *la* ou *les séries* dont il
« fait partie.

« En cas de décès, le capital et les intérêts sont remboursés
« *intégralement* aux héritiers.

. . . .

« Les titres sont déposés gratuitement jusqu'à l'époque du
« partage, dans les caisses de la **Société de Crédit Industriel
« et Commercial** (établissement de tout repos).

« Plus de cent maisons de premier ordre reçoivent, à titre
« *purement gracieux* (entre parenthèse je citerai, pour Valen-
« ciennes, le Crédit Lyonnais et la maison L. Dupont et Cie) les
« souscriptions et cotisations en province et à l'étranger, pour le
« compte de **La Fourmi.** »

A l'encontre des autres sociétés de cette nature, **La Fourmi**
opère sur une très grande échelle.

C'est ainsi qu'au 31 décembre 1885, elle avait 16,916 comptes de
dépôts; 23,955 parts souscrites ; 10.530 obligations en portefeuille,
et le revenu moyen des séries était de près de 5 p. 0/0. Le capital
épargné s'élevait à la somm~ . . . . 3.086,161.20.

La Fourmi est sans cont~e. . l~ ~s puissante des sociétés en
participation d'épargne ; elle a, ~ reste, un caractère de généra-
lité que ne prennent pas ses pareilles.

Habituellement, ces associations sont formées d'un nombre
relativement restreint de membres et ont un caractère pour ainsi
dire tout local ; mais au lieu d'une société, il en existe parfois dix,
vingt, et plus, dans un même endroit. Ainsi il en est aux Charbonnages de Mariemont et de Bascoup, en Belgique (1), où l'on ne
compte pas moins de vingt-sept groupes d'associés formés d'employés et ouvriers des charbonnages ; chacune de ces vingt-sept
sociétés, fondées depuis bien longtemps, est composée de vingt
membres.

Pour ma part, je suis partisan de ce système : la pluralité des
associations, surtout dans les centres industriels, car j'estime
qu'il a ce double avantage : de faire naître l'émulation, toujours
excellente pour réussir sur le terrain de l'épargne, et de faire
disparaître toute cause d'éloignement de l'épargne.

Les diverses sociétés de Mariemont sont reliées par une Fédéra-

(1) M. F. Bollaert, ingénieur aux Charbonnages de Bascoup, a publié, en 1884,
une petite brochure sur les Institutions ouvrières aux Charbonnages de Mariemont
et de Bascoup qu'on lira avec intérêt.

tion, dont la mission principale a pour objet le placement des capitaux. Ce placement, qui est toujours effectué en valeurs à lots, est fait avec toute la science du spéculateur. Aussi il est de coutume de voir les sociétés de Mariemont, comme tant d'autres, d'ailleurs, intelligemment gérées, servir des intérêts annuels variant entre 5 et 10 pour cent. J'ai sous les yeux le compte-rendu de la liquidation d'une de ces sociétés pour les années 1880 et 1881 — car je dois faire remarquer qu'elles ne sont généralement cons-tituées que pour le terme de deux ans, à l'expiration desquels on procède au partage des obligations ; puis, l'on recommence une nouvelle période de deux ans, et toujours ainsi — eh bien, l'intérêt distribué est égal à 9 fr. 10 c. pour cent l'an du capital versé. Et notez que la Société n'a été favorisée de la chance par aucun tirage et qu'elle ne s'est, en aucune façon, livrée aux opérations de l'arbitrage. Elle a seulement su choisir ses moments pour acheter et se guider vers les emprunts qui offraient le plus de chances de bénéfice. Tout le secret du bon placement est là.

La question d'intérêt est la plus importante, après celle de la sécurité des titres, dont aient à se préoccuper les administrateurs des sociétés d'épargne populaires. Il faut que la question de lots ne soit qu'une question accessoire. Evidemment, je ne trouve pas qu'il soit mauvais de la faire miroiter aux yeux de la masse, car la perspective séduisante d'un gros gain attire toujours ; mais il importe essentiellement qu'un comité administrateur ne se laisse pas séduire lui-même outre mesure par l'attrait de la prime, au point de n'avoir égard, dans les achats, qu'à la quantité de tirages que présentent les emprunts et à l'importance du gros lot, et d'arriver en suite, en fin d'une année, à ne servir qu'un intérêt dérisoire aux sociétaires ! Les chances d'attrapper un gros lot sont si petites ! c'est si aléatoire de compter sur elles pour gagner l'aisance !

Tandis que l'intérêt, lui, est une chose certaine à acquérir ici, et une de ces choses qui enfantent les merveilles les plus grandioses et qui méritent bien, certes, qu'on y attache un grand prix (1).

---

(1) J'ai bien des fois déjà, depuis une douzaine d'années, lutté pour faire admettre ce principe dans les sociétés d'épargne ; mais je me suis parfois heurté à des résis-tances aussi vives qu'inconcevables. Pourtant il ne s'agit de rien moins ici que d'une vérité de l'ordre absolument mathématique !

Voulez-vous, Messieurs, un exemple éclatant de la puissance de l'intérêt ?

Tous, déjà, vous aviez lu ce calcul démontrant qu'*un centime* placé à l'intérêt de 5 p. c. l'an, à la naissance du Christ, aurait produit *un capital dépassant la valeur du poids de la terre en or*?

Eh bien, non. Un professeur d'une école normale de la Gironde, M. J. Sala, ne voulant pas se contenter de ce calcul fort approximatif, vient d'imposer le problème à ses élèves, et il résulte de la solution trouvée, solution vérifiée par le professeur, qu'au lieu d'un globe d'or il en faudrait plus *d'un milliard* pour équivaloir la somme qu'aurait produite *un centime* placé dans les conditions que je viens d'énoncer !

Mais je n'avais pas besoin de vous citer cet exemple pour vous donner une idée de l'importance que joue l'intérêt dans la fructification des capitaux, à vous, Messieurs, qui êtes venus tant de fois à nos cours assister aux démonstrations de la science des chiffres et des comptes ! Cependant, il est d'autres applications que je dois encore faire ressortir parce qu'elles ont une affinité trop directe avec l'épargne, dont je m'occupe en ce moment.

Je ne sais s'il en est d'entre vous qui n'ont pas encore entendu parler de ces sociétés fondées en vue de reconstituer et rembourser les capitaux dépensés ?

Ces sociétés n'ont pas d'autre objet que l'application du principe de la reconstitution *par la voie de l'intérêt composé*. Et nous trouvons ici un nouvel exemple de la puissance admirable de l'intérêt !

En effet, moyennant cinq francs, elles accordent pour cent francs de *bons commerciaux*, lesquels, échangés contre un Bon de remboursement, sont remboursables dans le délai maximum de 99 ans. Mais, à la faveur de tirages qui ont lieu tous les mois ou tous les trois mois, selon les conditions des sociétés, pour le remboursement anticipé d'un certain nombre de Bons, il peut fort bien arriver qu'on rentre en possession de son argent, c'est-à-dire de la valeur des marchandises achetées dans les magasins qui ont recours à la délivrance des Coupons commerciaux, dès les premières années.

Je n'ai pas à entrer dans le détail de ce genre d'opérations, qui a pris naissance en Angleterre et qui est pratiqué maintenant en

France et en Belgique, mais j'ai tenu à signaler ce mode de constitution d'une caisse d'épargne qui n'impose pas le *moindre des sacrifices*.

Indépendamment de la reconstitution des capitaux dépensés, au moyen des intérêts composés, il est une société, en France, l'*Assurance financière*, qui met en pratique une autre combinaison que je crois devoir aussi vous faire connaître : je veux parler de ses *polices de capitalisation*.

Moyennant un versement mensuel de *un franc*, plus un droit d'entrée une fois payé de 2 francs pour faire face aux frais de timbre, aux remboursements anticipés, etc , l'*Assurance financière* délivre une police de capitalisation remboursable à 500 francs par voie de tirages mensuels, au plus tard dans 35 ans, et en moyenne dans 16 ans.

Dès la première année, il est remboursé par an au moins une police sur cent soixante-dix. Mais cette proportion va nécessairement en augmentant par suite des remboursements anticipés que la Société fait avec les ressources de son fonds commun : c'est ce qui lui permet de conclure que le délai nominal de remboursement est réduit en moyenne à 16 années.

Ainsi, dès la première année, dès le premier mois même du versement, on peut recevoir *cent fois* la valeur de celui-ci ; mais, au plus mal de tout, on est toujours certain de toucher 500 francs au bout de 35 ans pour 422 francs de versés.

Au moyen de cette combinaison, l'*Assurance financière* facilite la petite épargne ; elle permet à l'ouvrier, soit de fournir une dot à ses enfants, soit d'acquérir un fonds de prévoyance pour la vieillesse.

Ce que j'aime ici, c'est l'obligation de la mise à des époques fixes, comme dans les sociétés en participation d'épargne, obligation qui impose à l'ouvrier des habitudes d'ordre et d'économie.

Si l'assuré ne veut pas continuer ses versements, il en informe la Société qui lui rembourse immédiatement la somme à laquelle a droit en vertu d'un tarif arrêté à l'avance.

Il est utile de remarquer que l'*Assurance Financière* est une société civile, mutuelle, et qu'elle reste étrangère à tous les aléas des affaires commerciales et industrielles. Les primes versées par les assurés sont employées en valeurs de tout repos, conformément au décret du 22 janvier 1868.

Cette Société présente d'autres genres encore d'opérations ; mais je n'en relèverai plus qu'un : celui relatif à ses titres remboursables au double de leur valeur.

Contre un versement de 100 francs, ou bien un de 500 francs, la Société remet une Police remboursable, à 200 francs dans le premier cas, et à 1,000 francs dans le second cas. Les sommes versées rapportent 5 p. 0/0 d'intérêts l'an, payables tous les six mois.

Les remboursements, avec prime égale au capital, ont lieu par voie de tirages semestriels.

Le porteur de la Police — et c'est là un point important — jouit de la faculté de retirer, à toute époque, le montant intégral de son versement.

C'est, paraît-il, par suite des opérations d'avances à des pensionnés de l'Etat, des départements, des communes et des Cies de chemin de fer qui lui assurent un bénéfice rémunérateur, que l'*Assurance financière* peut consentir ces conditions exceptionnellement avantageuses.

Quant à la sécurité des Polices, elle est absolue puisque leur montant est toujours représenté par des créances sur l'Etat, sur les départements ou sur les communes, et les titres se trouvent déposés dans les caisses de la Société.

D'ailleurs, l'*Assurance Financière* est une société sérieuse, solidement assise, administrée par des sommités industrielles, et elle n'a absolument rien de commun avec toutes ces agences interlopes qui vous promettent des revenus insensés et qui tiennent bien leurs engagements vis-à-vis de vous une fois ou deux, mais qui, après, se rattrapent en dévorant tous les capitaux qu'on a eu la sottise de leur confier.

J'avais plusieurs fois entendu vanter les combinaisons de l'*Assurance Financière* ; un article récent de l'excellent écrivain qui signe Thomas Grimm, dans le *Petit Journal*, me les rappela à l'esprit et me décida à aller aux informations à bonne source. J'acquis ainsi la certitude que je pouvais parfaitement signaler à l'attention du public les modes d'épargne pratiqués par cette Société, et les recommander en toute sécurité.

On voit, par les exemples que j'ai cités jusque maintenant, que ce ne sont plus les bons placements qui manquent à la petite épargne, à l'heure actuelle ; il n'y a plus guère que le goût et l'habitude de l'économie qui peuvent faire malheureusement défaut.

Il me reste, Messieurs, pour terminer ce que je me suis proposé de vous dire sur le sujet de l'épargne, à toucher quelques mots de ce qui a été fait par certains patrons pour la faciliter au personnel qu'ils dirigent.

Indépendamment de l'appui qu'ils accordent aux petites sociétés en participation d'épargne, il ne manque pas de chefs d'entreprise qui ont doté leur personnel d'une Caisse d'épargne recevant les plus petits dépôts comme les gros, dans une certaine limite pourtant, et concédant un intérêt annuel de 5 p. 0/0.

On comprendra aisément les bons effets qu'une institution si sage et si libérale est appelée à produire. Aussi, ne saurait-on trop en recommander l'usage dans tous les établissements où elle peut avoir chance de succès, c'est-à-dire dans les établissements solides, dans les établissements qui présentent de sérieuses garanties de solvabilité.

Il y a des maisons où l'épargne est rendue plus facile encore au personnel : il est vrai que ces maisons constituent d'assez rares exceptions, mais c'est une raison de plus pour attirer l'attention sur elles. Je vous signalerai particulièrement deux cas, d'ordre différent.

Le premier de ces cas, c'est celui du *Bon Marché*, à Paris.

En 1876, le propriétaire de cette richissime Maison voulant faire preuve de sollicitude envers ceux de ses sujets qui n'ont aucun intérêt, soit sur les bénéfices, soit sur les affaires de la Maison, soit sur la vente générale de leur rayon, institua en leur faveur une Caisse d'épargne, à laquelle, en souvenir de son Fondateur, on donna le nom de *Prévoyance Boucicaut*.

Cette institution doit sa fondation et son entretien, aux libéralités exclusives de la Maison du *Bon Marché*.

Voici sur elle quelques renseignements que je puise dans les documents qu'a bien voulu mettre à ma disposition, M. Karcher, secrétaire particulier de Madame veuve Boucicaut :

La Caisse est alimentée au moyen d'une somme prélevée sur les bénéfices de la Maison et dont le chiffre est fixé, au 31 juillet de chaque année, par Madame Boucicaut. La dotation pour l'exercice 1884-1885 a été fixée à 118.000 fr.

Au 1ᵉʳ août 1885, le compte de la Prévoyance Boucicaut s'élevait à la somme de 885.998 70 appartenant à 851 participants.

Pour être admis à participer aux bénéfices de la Caisse, il faut avoir *cinq années de présence non interrompue* dans la Maison.

Il est ouvert, au nom de chaque employé participant, un compte individuel pour la répartition des sommes attribuées à la Prévoyance. Un livret est remis à chacun d'eux.

La répartition est faite proportionnellement au chiffre total des appointements reçus par chaque employé durant l'année commerciale, en calculant la quote-part *minimum* sur un chiffre d'appointements de 3.000 fr., même pour les employés ayant gagné moins, et la quote-part *maximum* sur un chiffre de 4.500 francs, même pour les employés ayant gagné plus.

Il est bonifié à tous les comptes individuels un intérêt de quatre pour cent l'an.

Le droit de prélever les épargnes est acquis :

1° Pour un tiers aux employés *hommes* ou *dames* comptant dix années de présence non interrompue dans la Maison ;

2° Pour deux tiers aux employés *hommes* comptant quinze années de présence non interrompue dans la Maison ;

3° Pour la totalité aux employés *hommes* comptant vingt années et aux employées *dames* comptant quinze années de présence non interrompue dans la Maison ;

4° Pour la totalité également aux employés *hommes* ayant soixante ans, et aux employées *dames* ayant cinquante ans révolus.

L'employé qui quitte la Maison, soit volontairement, soit par suite de renvoi pour n'importe quelle cause, avant d'avoir atteint la limite d'âge ou le nombre d'années de présence, que je viens de dire, est déchu de tous ses droits de participation, et la somme disponible à son compte rentre au profit de la masse. Même chose en cas de décès d'un employé qui ne laisse pas de conjoint ni d'héritiers directs.

Néanmoins, Mme veuve Boucicaut a, dans ce cas, plein pouvoir pour décider s'il n'y a pas lieu de remettre au titulaire tout ou partie de la somme inscrite à son compte.

En cas de mariage, la dame ou demoiselle participante touche tout de suite la somme figurant à son avoir.

Telles sont les dispositions principales de cette Caisse, qui fait le plus grand honneur aux propriétaires des magasins du *Bon Marché*. Tout au plus, est-il permis de réserver son appréciation sur quelques points de détail, comme, par exemple, celui relatif à la déchéance des membres du personnel licenciés, « quelle que soit la cause qui ait provoqué le renvoi ». On pourrait désirer, à propos de ce cas, une dispostion plus large que celle établie.

Voilà donc un premier mode de constitution de Caisse d'épargne par les patrons au profit de leurs ouvriers et employés, sans que les bénéficiaires aient à subir la moindre retenue ni à opérer le moindre versement, mais dû à un prélèvement volontaire sur les bénéfices de la Maison. Je le signale à l'attention publique.

Il y a dans cet acte une consécration *indirecte* du principe de la participation des travailleurs aux bénéfices des entreprises.

Nous allons maintenant voir un Etablissement où la participation a lieu d'une façon *plus directe*.

Je voudrais avoir le temps de vous parler longuement de ce sujet : *la participation*, car il est de ceux qui servent de texte à l'état de trouble et d'agitation qui se fait sentir actuellement dans les esprits. Que pourrais-je cependant ajouter à ce qui en a été dit ? Quel est l'auteur, en effet, le conférencier s'occupant du bien-être des classes travailleuses, quelle est la société d'économie politique ou d'économie sociale, quel est le journaliste qui n'en ait pas parlé à différentes reprises, surtout en ces derniers temps ?

Disons néanmoins qu'elle constitue la base du problème si agité de *l'accord entre le capital et le travail*, problème dont la solution paraît ne comporter aucune difficulté, et qui n'en présenterait pas, positivement, si on ne faisait au principe tant de résistance qu'on lui en oppose.

Mais en attendant que cette résistance soit vaincue, faisons donc connaître ce qu'a fait, en matière de participation, entre autres maisons, la *Société anonyme des Mines et Fonderies de Zinc de la Vieille-Montagne*, l'une des plus grandes et des plus florissantes Compagnies industrielles belges.

Là, tous les travailleurs participent aux bénéfices de la Société.

Partant de l'idée que, dans le travail d'un sujet, il y a deux éléments à rétribuer : l'œuvre des bras d'une part, et le concours de l'intelligence et de l'activité de l'autre, la Société de la Vieille-Montagne s'est appliquée, après avoir assuré la rémunération du premier, par un salaire fixe, à récompenser le second au moyen d'une part éventuelle dans les résultats des fabrications. Dans ce but, elle a institué un système de rémunération, délivrée sous le titre de *primes* et proportionnée, à la fois, à la quantité de la production, au bon rendement obtenu des matières premières, à la perfection du travail et à l'économie réalisée dans l'emploi du combustible et des autres objets de consommation.

Le calcul des primes s'établit sur des bases diverses, d'ailleurs affichées dans chaque atelier — ce qui permet à l'ouvrier d'en calculer lui-même l'importance.

Le compte de ces primes est arrêté toutes les quinzaines. On en paie la moitié en même temps que les salaires fixes ; quant à l'autre moitié — et c'est ici qu'apparaît l'épargne — elle est portée au crédit d'un compte ouvert à chaque ouvrier, et ce n'est qu'à la fin de l'année qu'elle est soldée aux intéressés, lesquels trouvent ainsi une économie toute faite, économie qu'ils peuvent verser en compte courant, à 5 p. 0/0 d'intérêt l'an, à la Caisse générale d'épargne qui fonctionne chez la Société sous son patronage et sa garantie ; ou bien ils peuvent s'en servir pour les besoins de leur famille, l'acquisition d'un morceau de terrain, ou pour tout autre besoin. En cas de décès de l'ouvrier, ses primes sont payées à ses héritiers.

Dans tout le personnel de la Vieille-Montagne, il règne — je dois ces renseignements, que je vous communique, à la très gracieuse obligeance de M. St-Paul de Sinçay, Administrateur-Directeur-Général de cette Société — dans tout le personnel de la Vieille-Montagne, il règne, dis-je, grâce à la participation, un attachement sincère aux intérêts sociaux, un sentiment de cohésion, un esprit de corps que rien ne détruit et qui sont un honneur, en même temps qu'ils constituent, pour la Vieille-Montagne, une force dont le capital et le travail profitent largement. Aussi l'exemple est-il à imiter.

A l'Exposition de 1867 déjà, la Société de la Vieille-Montagne a remporté, pour l'organisation de ses services d'épargne et de prévoyance, le **Grand Prix** *dans l'ordre des récompenses créé spécialement pour les institutions ouvrières.*

Le produit en argent de ce prix a été converti aussitôt, suivant décision du Conseil d'administration de la Société, en rentes Belges, et le revenu du capital ainsi placé est affecté à un prix spécial qui est distribué, chaque année, à l'ouvrier ou au surveillant, qui, d'une manière quelconque, a mérité cette distinction.

On ne pouvait faire meilleur emploi d'un argent gagné dans une lutte si pacifique et d'un caractère si noble que celle-là, puisqu'elle avait pour but *le bien être matériel, moral et intellectuel* du travailleur.

Caisses de Secours

L'institution des caisses de secours, basées sur la prévoyance et la mutualité, est très répandue déjà. Cela tient évidemment aux avantages réels, aussi bien de l'ordre moral que de l'ordre matériel, qu'elle procure aux membres qui en font partie.

M. J. Dauby, a tracé un tableau éloquent de ces avantages dans les premières pages d'un opuscule paru en 1863 (1). Dans une brochure publiée en 1870, sur le *vrai caractère des caisses de secours instituées par les Compagnies houillères* (2), M. Jules Marmottan, de son côté, se livre à une étude intéressante sur la matière et qui mérite d'être signalée. Toutefois, je tiens à déclarer que je ne partage pas du tout la manière de voir de cet auteur sur l'idée principale de son travail, à savoir que *la retenue faite sur les salaires* au profit de la caisse de secours *serait supportée intégralement par les Compagnies.* La base sur laquelle M. Marmottan cherche à établir sa thèse est formée de matériaux artificiels. Il n'est pas vrai que le patron ait à parfaire la journée de l'ouvrier d'une somme égale à la retenue lui faite sur son salaire au profit de la caisse de secours.

Lorsque, contrairement à ce qu'affirme l'auteur, l'ouvrier débat les conditions d'un engagement, il ne tient nul compte de la retenue à faire sur le prix de son travail au profit de la caisse de secours. Cette retenue, il sait qu'elle doit s'opérer, qu'elle est le résultat d'une pratique presque générale, et il y souscrit sans

---

(1) J. Dauby. — De l'organisation des Sociétés de Secours mutuels. *Bruxelles,* 1864, *H. Lesigne.*

(2) *Jules Marmottan.* — Vrai caractère des Caisses de secours instituées par les Compagnies houillères. Paris, 1870. *Librairie Guillaumin et C*^{ie}.

arrière pensée et sans amère réflexion, attendu qu'il l'a sait destinée à lui venir en aide en cas de maladie et de chômage. Telle est, je pense, la règle, et le contraire, l'exception. Les raisons invoquées par M. Marmottan pour justifier le principe qu'il pose, en contradiction avec celui admis, sont pour le moins spécieuses. Pour ma part, je connais assez la classe ouvrière, j'en proviens du reste, je l'ai assez intimement étudiée et pénétrée pour me permettre de soutenir, avec quelque connaissance de cause, l'opposé de M. Marmottan.

Et tenez, je remarque dans cette salle plusieurs ouvriers qui, profitant du caractère public donné à ma conférence de ce soir, sont accourus m'entendre. Eh bien, je suis persuadé que chacun d'eux me donnera raison. (*Marques d'assentiment*).

Les sociétés de secours mutuels procèdent de deux ordres différents : les unes sont spéciales à une ou plusieurs entreprises industrielles, commerciales ou financières et se trouvent placées sous la tutelle de ces entreprises ; les autres sont indépendantes et s'adressent, en général, à une catégorie quelconque de professions : telles sont, par exemple, la *Société de prévoyance des Employés de l'arrondissement de Valenciennes*, la *Société des Tailleurs d'Habits*, le *Patronage de Saint-Eloi*, et autres ayant leur siége à Valenciennes.

J'ai résolu de ne pas m'arrêter sur les sociétés indépendantes ; je n'en toucherai qu'un mot et pour vous dire les résultats qu'elles sont parvenues à atteindre. En 1885, ces sociétés étaient au nombre de 7.000 en France, comptant 1.065 000 membres, disposant d'un capital de cent millions ! Cependant, d'aucuns sont loin d'être satisfaits de ces chiffres ; ils prétendent qu'ils peuvent au moins doubler. Je suis aussi de cet avis, et cela prouve qu'il reste encore beaucoup à faire en matière de prévoyance par la mutualité. Il est vrai qu'on espère que la nouvelle loi sur les Associations de secours mutuels contribuera, par ses dispositions relatives aux dotations, subventions et secours, à augmenter considérablement le nombre des sociétés. L'avenir nous dira si ces prévisions sont exactes. En tous cas, on ne saurait trop encourager l'esprit de prévoyance se combinant avec la mutualité : travailler à son développement, c'est, Messieurs, travailler dans l'intérêt supérieur de la société et de la démocratie.

Mais examinons les caisses de secours spéciales aux entreprises, objet de notre préoccupation actuelle.

En règle générale, ces caisses sont alimentées par un prélève ment sur les salaires des ouvriers, variant entre 1 et 5 p.0/0, et par les amendes infligées pour mauvaise conduite et pour travail défectueux.

A cette retenue, vient assez souvent s'ajouter une subvention fournie par l'entreprise.

Quelquefois, comme aux Mines d'Anzin, la Compagnie se charge intégralement de l'entretien de la caisse de secours. Mais ce sont là des exceptions.

La Caisse de secours prend à sa charge :

Les frais de médecin et de pharmacien pour les ouvriers partici-cipants et leur famille ;

Les indemnités de chômage à servir aux ouvriers ;

Les secours extraordinaires aux ouvriers dans le besoin ;

Les frais d'accouchement des femmes d'ouvriers ;

Les frais funéraires ;

Les secours aux veuves et orphelins ;

Le service de l'instruction des enfants des ouvriers.

Je dois faire remarquer, pourtant, que toutes les caisses ne jouissent pas de ce nombre entier de prérogatives.

Les Caisses de secours sont administrées par un Conseil composé :

Du chef de l'établissement ;

Des chefs du service technique ;

De plusieurs surveillants ou contre-maîtres ;

De plusieurs ouvriers ;

Du médecin.

Les résultats de la statistique des caisses de secours pour les mineurs, publiés en 1884, par M. O. Keller, ingénieur en chef des mines, prouvent que, partout en France, les Compagnies houillères remplissent admirablement leurs devoirs.

Voici quelques chiffres ; ils méritent d'être cités :

Le nombre des ouvriers employés dans les mines est de 111.317. — 109.237 participent aux caisses de secours.

73 mines occupant 48.966 ouvriers sont pourvues de caisses de prévoyance alimentées par des retenues sur le salaire des ouvriers

et des subventions proportionnelles des exploitants ; la part des ouvriers est de 1.653.000 fr.; celle des exploitants est en totalité de 1.402.000 fr.

05 mines occupant 31.159 ouvriers sont pourvues de caisses alimentées par des retenues sur le salaire des ouvriers, sans subventions réglées des exploitants ; la part des ouvriers s'est élevée par an à 969.000 fr.; celle des exploitants à 410.000 fr.

37 mines occupant 28.812 ouvriers sont alimentées *par les exploitants seuls* et coûtent par an 1.457.000 fr. Les principales de ces mines sont : Anzin, Rive-de-Gier, Roche-la-Molière et Firminy, Montrambert, Bruay, Commentry, Creusot, Decize, etc.

En résumé, 205 mines, occupant 109.237 ouvriers, ont été pourvues en 1882 par 2.622.000 fr. de retenues sur salaires et par 3.177.000 fr. de versements par les exploitants ; la part des exploitants excède donc celle des ouvriers de 554,000 fr. Les dépenses ont été de 5.212.000 fr.; c'est en moyenne par ouvrier 47 fr. 71, savoir : 35 fr. 87 en argent et 11 fr. 94 pour les honoraires du médecin. En Belgique, la moyenne est de 26 fr. 64 en argent et 6 fr. 56 pour le médecin. (1)

Ce que l'on fait pour les mines, on le fait également pour les grandes industries. Reste seulement à généraliser la chose à toutes les petites industries. C'est là qu'il reste encore beaucoup à faire.

Comme je vous le disais tout à l'heure, ces institutions sont spéciales, soit à une seule entreprise, soit à plusieurs entreprises.

Ainsi en France, les caisses de secours sont isolées, tandis qu'en Belgique, celles créées en faveur des ouvriers mineurs sont communes à toutes les mines d'un même bassin houiller. L'Etat et les provinces les subsidient. (2)

La plupart des sociétés de secours mutuels ont une branche annexe pour la retraite. Le service comprend alors deux parties distinctes : les secours, les soins, les médicaments, d'une part ; les

---

(1) *Annales des Mines. — Livraison de Septembre-Octobre* 1884. — Cité par M. A. Gibon, dans son travail *Le Patrimoine de l'ouvrier.*

(2) En outre des caisses communes, la plupart des Etablissements possèdent, en Belgique, une Caisse particulière de secours. Ces deux caisses se complètent l'une l'autre.

Il est bon de faire remarquer que les exploitants interviennent dans leur alimentation par une subvention égale à la retenue faite aux ouvriers.

retraites ou pensions, d'autre part. Dans ce cas, ce ne sont plus de simples caisses de secours, mais de véritables sociétés de prévoyance. On s'est parfaitement rendu compte que ce qui manque le plus aux travailleurs, ce ne sont pas précisément les secours dans la période d'activité et de santé, c'est la certitude du pain de chaque jour pour la vieillesse. Les retraites sont ici constituées par des prélèvements sur les propres bé...fices des sociétés de secours.

Mais j'aborde la question des Caisses de retraite.

Caisses de retraite

Dans les diverses institutions de retraite existantes — institutions sociales de premier ordre — je citerai d'abord la *Caisse nationale des retraites pour la vieillesse*, placée sous la garantie de l'Etat, qu'une loi du 20 Juillet 1886 vient de réglementer à nouveau.

Cette Caisse est ouverte à tout le monde, aux Etrangers résidant en France comme aux Français mêmes, et a pour objet de constituer au profit de toute personne de l'un ou l'autre sexe, âgée de trois ans au moins, une rente payable jusqu'au jour du décès, à partir de l'âge de cinquante ans et au-dessus.

Pareille institution paraît répondre aux besoins les plus essentiels des travailleurs de toutes situations ; elle est appelée à rendre de grands services, en développant le goût et la pratique de la prévoyance. Elle a adopté le principe du compte individuel pour chaque déposant, lequel est libre de verser ce qui lui plaît et quand il veut : les versements sont reçus et liquidés à partir de 1 franc jusque 1.000 fr. dans une même année, sauf pour les administrations pub...es et les sociétés de secours mutuels qui p...ent verser tous ... fonds qu'elles affectent aux pensions de leurs employés ou de leurs sociétaires.

Les rentes qu'on peut s'assurer à partir de cinquante ans peuvent s'élever au maximum à 1,200 fr. par tête, et elles sont incessibles et insaisissables jusqu'à concurrence de 360 fr.

L'intéressé a même le privilége de jouir d'une rente anticipée en cas de blessures graves ou d'infirmités survenant à toute époque avant l'âge fixé pour la retraite. La pension est alors liquidée en proportion des versements faits. Pour les nationaux, ces pensions pourront même être bonifiées à l'aide d'un crédit ouvert chaque année au budget du ministère de l'intérieur.

Le versement fait pendant le mariage, par l'un des deux conjoints, profite séparément à chacun d'eux par moitié.

Les versements se font de deux manières différentes : à capital *aliéné*, c'est-à-dire à fonds perdus, ou à capital *réservé*. Dans ce dernier cas, à la mort du déposant, le capital par lui versé est remboursé, sans intérêts, aux ayants droit, quelle que soit l'époque du décès.

Les rentes viagères sont enregistrées sur un grand-livre tenu à la Caisse des Dépôts et Consignations.

Un livret, sur lequel sont inscrits les versements par lui effectués et les rentes viagères correspondantes, est remis à chaque déposant.

— La Caisse nationale des retraites fournit l'occasion de constater les résultats merveilleux que l'on peut obtenir au moyen d'une faible épargne, souvent répétée.

Ainsi, en versant à cette Caisse, 10 centimes, je suppose, par jour, à partir de l'âge de dix-huit ans, jusqu'à celui de soixante, on s'assure une pension annuelle et viagère de 508 francs, en réservant le capital ; et une pension de 728 francs en renonçant au capital !

Si, maintenant, l'on part de l'hypothèse d'un versement unique, on n'est pas moins étonné du résultat.

Par exemple, un père qui aurait la bonne idée de déposer une somme de 1.000 fr. à cette même Caisse, le jour de la première communion de son enfant (10 ans), en vue de lui créer une retraite, dont il commencerait à jouir dès l'âge de cinquante-cinq ans, verrait son désir accompli d'une façon prodigieuse. En effet, à cet âge de cinquante-cinq ans, le fils, qui aurait été l'objet d'une sollicitude paternelle si éclairée, toucherait une pension de 891 fr. par année si on avait réservé le capital, et une pension de 1.119 fr. si abandon était fait du capital !

Ces chiffres, Messieurs, sont établis d'après les tarifs qui étaient en vigueur, il y a deux ou trois ans. Je ne sais pas si ces tarifs n'ont pas été modifiés un peu depuis.

En tous cas, ces résultats nous montre, une fois de plus, la puissance de l'épargne capitalisée, dont je vous parlais à propos des Caisses d'épargne. Et je répète ce que j'ai déjà dit, on ne saurait trop vulgariser les effets produits par l'épargne, lorsqu'elle est bien entendue. Je m'applaudis, pour ma part, d'avoir occasion de le faire ici dans une faible mesure.

La plus grande difficulté qui règne chez les sociétés de retraite, consiste presque toujours dans la fixation du taux de la pension. On est obligé, à cette fin, de se livrer à des calculs de probabilités qui présentent de nombreuses chances d'erreurs, et l'on a parfois bien de la peine à s'entendre. Témoin, ce qui s'est passé dernièrement à la *Société de Prévoyance des Employés de l'arrondissement de Valenciennes* ; ceux d'entre vous qui font partie de cette Société, doivent se rappeler les longues discussions auxquelles a donné lieu la fixation du chiffre de la retraite ;— témoin encore, le cas de la *Société des Comptables de la Seine* qui, depuis plusieurs années, est en discussion sur ce point sans parvenir à prendre une décision. Si, encore, toutes ces discussions aboutissaient toujours à faire triompher l'équité ! Mais il n'en est pas toujours ainsi Souvent, des questions de personnes se mêlent aux débats, ce qui, évidemment, ne devrait jamais se produire lorsqu'on traite des sujets sérieux et importants, et alors on finit par perdre de vue les véritables intérêts que l'on s'est assumé la mission de défendre et l'on ne songe plus qu'à une chose : enlever les sympathies de l'assemblée pour sortir victorieux de la lutte.

Eh bien, je trouve dans les statuts d'une société civile de retraite, qui vient de se fonder à Armentières, sous le titre *La Prévoyante*, une disposition qui coupe court à tous ces inconvénients. La voici :

« Tous les sociétaires ayant vingt ans de présence effective dans
« la Société, auront droit au partage intégral des intérêts de
« l'avoir social pendant l'année écoulée. »

C'est très simple et cela me paraît fort juste. S'il y a peu, les vieux sociétaires ont peu ; s'il y a beaucoup, ils ont beaucoup.

Cela me semble d'autant plus juste que l'usage pour ainsi dire universellement suivi jusqu'à présent, est de n'employer en arrérages de pensions que le simple revenu des capitaux.

— Depuis un an ou deux, il existe, dans les sphères législatives, un courant très marqué en faveur des institutions de prévoyance pour les ouvriers. On voudrait, notamment, rendre obligatoire pour toutes les industries, la création d'une Caisse de retraite, qui serait alimentée par une retenue sur les salaires et par une subvention égale de la part des entreprises.

De nombreuses raisons militent en faveur de l'adoption d'une telle mesure et il serait désirable de la voir bientôt votée.

N'y a-t-il pas, au demeurant, un grand nombre d'établissements où la caisse de retraite est alimentée de cette façon depuis de longues années ? En parlant des Caisses de secours des mineurs, nous avons vu presque toutes les mines appliquer le système des subventions. Pareille chose est pratiquée à beaucoup d'endroits en ce qui concerne les caisses de retraite. Il n'y aurait donc pas grand mal à généraliser la mesure, à l'imposer à tous les établissements. Pour ma part, je verrais même avec satisfaction introduire dans la loi, l'obligation de verser les retenues à la Caisse nationale des retraites, au crédit des comptes personnels, de façon à ne pas faire perdre à l'ouvrier, quittant une usine, le bénéfice des versements qu'il y aurait opérés pour sa pension.

Mais, il y a mieux: des établissements modèles, comme la *Compagnie des Mines d'Anzin*, que je cite encore, n'opèrent aucune retenue sur le salaire des ouvriers pour leur servir des pensions de retraite, comme pour leur servir des secours !

La *Société de la Vieille-Montagne*, dont je vous ai déjà fait connaître la Caisse d'épargne, alimente seule aussi sa Caisse de pension, par une allocation annuelle représentant 5 0/0 des salaires. La dotation pendant l'année écoulée a été de 233.933 fr. 10 c. L'effectif en caisse au 31 Décembre 1885, était de fr. 1.425.200. »

La maison de banque *L. Dupont et Cie*, à Valenciennes, a recours à un procédé analogue. Elle sert des pensions de retraite à ses employés, trop âgés pour continuer leur service, au moyen d'un fonds formé de prélèvements faits sur les bénéfices de la Maison. Elle a, jusqu'à ce jour, distribué en totalité 54.000 fr. Il reste en caisse 29.000 fr.

Enfin — car je ne puis tout citer — je signalerai encore la Maison du *Bon Marché*, à Paris.

Mme veuve Boucicaut, propriétaire des vastes magasins connus sous ce nom, et qui ne néglige aucune occasion de consacrer une partie de sa grande fortune au bien-être moral et matériel de son personnel, vient de fonder, l'année dernière, en faveur de ceux de ses employés qui n'ont aucun intérêt, soit sur les bénéfices, soit sur les affaires de la Maison, soit sur la vente générale de leur rayon — c'est le même personnel en faveur duquel la Caisse de Prévoyance a été instituée — une Caisse de retraite à laquelle elle a consacré, à titre de pure libéralité, un premier capital de *un million de francs !* (1)

Messieurs, je livre ces exemples de bienveillante sollicitude, de grande générosité, à la méditation de ceux qui sont opposés à l'assurance obligatoire, avec subvention, égale à la retenue sur les salaires, à charge des patrons.

Secours en cas d'accidents

Nous venons de voir le rôle des Sociétés ou Caisses de secours mutuels et des Caisses de retraite pour la vieillesse : la première de ces institutions garantit le travailleur contre les besoins multiples que fait naître la maladie et, dans certaine mesure, le chômage temporaire ; la seconde, garantit son avenir, lui donne la certitude qu'il aura un morceau de pain au jour du repos.

Il reste maintenant à prévoir les accidents qui peuvent l'atteindre durant sa vie laborieuse.

L'Etat, prenant souci de l'avenir des ouvriers, fonda, en 1868, une Caisse d'assurances contre les accidents, qui est restée fort inconnue de la masse du public et, dès lors, délaissée. Pourtant, elle est créée sur des bases bien avantageuses pour l'ouvrier. Vous allez en juger par ses dispositions principales :

Le bénéfice de l'assurance est acquis par le fait même de l'accident dûment constaté et sans que l'administration ait à rechercher à la faute de qui il peut être imputé. Le souci de tout homme pour sa propre conservation a paru aux législateurs présenter

(1) Mme Boucicaut n'a pas restreint ses libéralités au personnel de sa Maison : « Les bienfaits qu'elle a rendus, dit le rapport de la *Société d'encouragement au bien*, lu le 16 Mai dernier, au Cirque d'hiver, sont innombrables : elle a construit et largement doté les écoles de Verjux et celles de Gergay, son pays natal; elle entretient des lits à l'hôpital de Bellême, pays natal de son mari ; elle a fondé à Châtillon, près Paris, une maison de retraite pour les vieillards du canton. Dans Paris, son nom est synonyme de charité. Rappelons la souscription ouverte par le *Petit Journal*, pour le dégagement de la literie des pauvres, en 1879, où Mme Boucicaut versa 30,000 fr. »

Puis, le rapport ajoute que le Conseil supérieur de la *Société d'encouragement au bien* offre à l'auteur de tant de bienfaits UNE COURONNE CIVIQUE.

Et c'est sans doute pour mieux mériter encore sa couronne, que cette grande bienfaitrice de l'humanité vient de verser 150.000 fr. pour l'Institut Pasteur !

des garanties suffisantes pour les intérêts de l'Etat. C'est là une disposition très libérale et hautement protectrice des intérêts des ouvriers.

Il n'est pas établi de catégories entre les divers corps de métiers. La prime à payer est la même pour tous ; elle est, au choix, de huit francs, cinq francs ou trois francs par année.

On peut contracter une assurance dès l'âge de douze ans.

Il y a deux catégories d'accidents : — 1° Accidents occasionnés par une incapacité absolue de travail ; — 2° Accidents ayant entraîné une incapacité permanente du travail de la profession.

Pour les accidents de la première classe, la pension est basée sur un capital représentant 640 fois la somme versée par assuré, tandis que dans les Compagnies d'assurances, il est d'usage de ne la baser que sur trois ou quatre cents fois la valeur de la prime annuelle.

Le montant de la pension correspondant aux cotisations de cinq et de trois francs ne peut être inférieur à 200 fr. pour la première et à 150 fr. pour la seconde.

Les pensionnés de la seconde classe jouissent d'une pension égale à la moitié de celle afférente aux accidents de la première classe.

En cas de mort par suite d'accident, il est accordé à la veuve, au père ou à la mère sexagénaire, s'il est célibataire ou veuf sans enfant, un secours égal à deux années de pension à laquelle l'assuré aurait eu droit. Les enfants reçoivent pour eux tous, le même secours que la veuve.

Enfin, les rentes viagères constituées sont inscrites au grand-livre de la dette publique et présentent, par suite, les garanties les plus complètes ; de plus, elles sont incessibles et insaisissables jusqu'au chiffre de 600 francs.

Les administrations publiques, les établissements industriels, les compagnies de chemins de fer et les sociétés de secours mutuels autorisées peuvent assurer collectivement leurs ouvriers ou leurs membres par listes nominatives.

Les versements sont reçus chez tous les agents des finances et les receveurs des postes.

—Vous voyez, par cette simple énumération, combien j'avais raison de vous dire en commençant, que cette institution de retraite présente pour l'ouvrier des avantages précieux.

Il n'en est aucun qui ne puisse épargner, par année, la modique somme qui lui est nécessaire ici pour se garantir contre les terribles conséquences d'un accident, toujours à redouter dans une profession manuelle, et pour éviter la misère qui en est la conséquence.

On a fait néanmoins plus d'un reproche à la Caisse nationale d'assurances en cas d'accidents, reproches qui ne sont pas tous sans fondement. En voici les principaux:

1° La Caisse n'accorde d'indemnités que pour les blessures entraînant une incapacité *absolue* de tout travail, ou *permanente* du travail de la profession, tandis que les Compagnies d'assurances admettent l'hypothèse de l'incapacité *temporaire* de travail.

Il y a là une lacune d'une grande importance qu'on aurait pu faire disparaître au moyen d'une légère surélévation des primes annuelles.

2° Elle ne garantit pas les patrons contre l'action civile dans l'assurance collective; les Compagnies le font moyennant une majoration de prime.

3° Elle ne soustrait pas l'ouvrier blessé aux lenteurs de la procédure et aux incertitudes des décisions judiciaires.

De plus, beaucoup voudraient une loi qui rendit obligatoire l'assurance en cas d'accident.

De ces imperfections et du désir de voir appliquer l'obligation sont nés, depuis quelque temps, plusieurs projets, dont certains donnent le jour à des systèmes positivement injustes et absurdes, comme celui, entre autres, qui tend à faire admettre, en principe, la responsabilité unique du patron, sauf pour lui à établir son innocence devant les tribunaux. Quoi pourtant de plus juste que de laisser à chacun la responsabilité de ses actes!

Mais de ces divers projets, je n'en veux retenir que deux et dans leurs dispositions les plus acceptables:

Celui, d'abord, déposé sur le bureau de la Chambre des députés, le 2 février 1886, au nom du gouvernement, et qui consacre justement le principe de l'obligation de l'assurance pour tous les ouvriers occupés dans un établissement *présentant un risque professionnel.*

L'assurance serait contractée par les soins du patron, et, disposition importante, conforme au principe que je soutenais en parlant des Caisses de retraite, l'ouvrier ne serait tenu de contribuer au paiement de la prime que jusqu'à concurrence de *moitié*.

En second lieu, celui plus récent de MM. Félix Faure et Siegfried, sur la *responsabilité* des accidents.

La doctrine particulière de ces honorables députés consiste à faire figurer dans la loi le taux des pensions ou secours à allouer aux ouvriers victimes d'accidents. Les tribunaux n'auraient plus à statuer sur les actions intentées, ni à fixer le montant de ces pensions. Les responsabilités seraient établies par un tribunal arbitral, composé du juge-de-paix du canton, d'un patron et d'un ouvrier désignés par le Conseil des prud'hommes, ou, à défaut de l'existence de celui-ci au lieu de l'accident, par le Conseil municipal de la commune où il s'est produit. On n'aurait plus de la sorte à subir les lenteurs malheureuses des procès engagés en matière d'accidents.

Plusieurs des autres points de ces deux projets me paraissent suceptibles de modification, et il est certain que la discussion publique les corrigera.

Il faut désirer surtout que les propositions ne meurent pas d'anémie dans les cartons du Palais-Bourbon, ainsi que cela arrive trop fréquemment.

Sociétés coopératives

J'arrive à la partie que je considère comme la plus importante de mon étude : celle qui a rapport aux Sociétés coopératives.

La Coopération, à laquelle je me propose de me consacrer entièrement un jour, est une des réformes appelées à modifier le plus profondément notre état social.

Les économistes paraissent d'ailleurs être maintenant d'accord pour reconnaître l'influence considérable de la coopération sur le relèvement moral et matériel de la classe ouvrière. Les économistes anglais principalement, sont unanimes à proclamer cette influence.

Aussi, voyez le succès du régime sociétaire appliqué à la coopération, en Angleterre.

Il résulte des derniers renseignements statistiques, qu'il n'y aurait pas moins, dans le Royaume-Uni, de 1.285 sociétés de consommation, comprenant 850,000 coopérateurs et possédant un capital de 202.500.000 fr. Si vous ajoutez à cela les 2.000 environ sociétés d'achats de terrains et de constructions, *Building Socie-ties*, les sociétés de production et autres, vous aurez une idée parfaite de la faveur qu'y rencontre la coopération.

En Allemagne, les sociétés coopératives de tout ordre dépassent le chiffre de 3,500, dont environ 700 sociétés de consommation.

Ce magnifique résultat atteint Outre-Rhin, est dû aux efforts de l'illustre Schulze-Delitzsch, dont l'œuvre est imitée par tous les peuples européens. Mais c'est surtout à la forme coopérative du crédit mutuel, que cet homme a consacré sa science et ses énergiques efforts. Aussi les banques populaires figurent pour le chiffre de 1.900, dans le nombre des 3.500 associations coopératives allemandes.

La Belgique qui, d'ordinaire, ne recule pas devant les manifestations du progrès dans le domaine économique et social, est restée en arrière dans le mouvement coopératif. Celui-ci, loin de s'y accentuer, marquait, depuis longtemps, une tendance de recul. C'est ce qui résulte, du moins, des renseignements fournis en 1884 à M. Ernest Brelay (1), entre autres par M. Léon d'Andrimont, député de Liége, président de la Fédération des banques populaires belges.

Il a fallu les tristes événements qui se sont déroulés en Avril dernier dans « ce beau petit royaume d'Yvetot », comme l'appelait naguère le très spirituel doyen de la presse du Nord, événements dont il faudrait pouvoir arracher le récit de l'histoire des classes ouvrières d'outre-Blanc-Misseron, d'ordinaire si paisibles — il a fallu ces événements pour amener chez les Belges le réveil de la coopération. Mais le mouvement s'est, en grande partie, produit dans un sens qui fait désespérer de la réussite. En effet, la plupart ne se lancent dans la pratique coopérative que pour mieux propager dans les masses les idées du socialisme-révolutionnaire. Ce que ceux-là veulent — ce sont eux-mêmes qui le déclarent, notez bien — c'est poursuivre un but politique et faire la guerre « au bourgeois ». Lorsque, disent-ils encore, ils auront accumulé assez de

(1) Voir *Les Sociétés coopératives*, par Ernest Brelay, p. 28 et suiv. — Paris, Berger-Levrault et Cie et Guillaumin et Cie.

bénéfices, ils ordonneront une grève générale, et puis... ils feront la révolution !

Et voilà.

Et dire que les pauvres ouvriers se laissent séduire, se laissent berner, se laissent piper par ces méchantes déclamations des quelques avocats de cabaret qui dirigent la secte socialiste-révolutionnaire en Belgique !

Heureusement qu'à côté de cette catégorie d'associations, il commence à s'en fonder d'autres qui n'ont pas ces tendances chimériques, mais qui ont en vue, au contraire, le but véritable de la coopération : le but économique. Celles-là, il faut les soutenir, les défendre, les encourager: aux industriels, à toutes les classes privilégiées et à la presse honnête à prêcher d'exemple.

En Suisse, en Autriche, en Hongrie, en Italie, en Russie, en Suède, etc., il existe aussi de nombreuses sociétés coopératives, au sujet desquelles on trouvera d'instructifs renseignements statistiques généraux, dans le livre déjà cité de M. Ernest Brelay.

Enfin, en France, s'il faut en croire la revue *Les coopérateurs français*, il n'y aurait pas moins, à l'heure actuelle, de 600 sociétés de consommation.

La première société coopérative, en France, date de 1834 et a été fondée par l'*Association chrétienne des ouvriers bijoutiers en doré* ; mais ce ne fut qu'en 1848 que le mouvement se propagea avec une certaine rapidité ; on vit se fonder alors environ 300 sociétés presque sans coup férir. Malheureusement, les tendances chimériques de ces associations et les erreurs dans lesquelles elles versèrent aussi, nuisirent considérablement à leur succès et amenèrent leur disparition presque complète en 1851, par ordre de l'autorité.

Le mouvement coopératif fut ainsi suspendu ici de 1851 à, pour ainsi dire, 1867. Mais cet échec des associations ne pouvait préjuger rien contre le principe, puisqu'il fut dû à des causes étrangères à ce principe : à des causes politiques et non économiques.

Depuis la loi de 1867, les sociétés coopératives financières, commerciales, industrielles ou économiques peuvent se constituer et fonctionner légalement. On reconnaît à cette loi un caractère libéral et sage, en ce sens qu'elle laisse à l'intelligence et à la volonté des sociétaires le droit de décider des combinaisons et des principes sur lesquels reposera l'association, comment elle sera administrée, opèrera et répartira ses bénéfices, quels seront les droits et les devoirs réciproques de l'association et de ses membres, quelles conventions régleront les intérêts des sociétaires entre eux.

Les préventions sont donc aujourd'hui éteintes et le mouvement coopératif prend une nouvelle et considérable extension en France. La preuve en est manifeste dans le nombre des sociétés que je viens de citer et dans l'éducation coopérative, qui s'y répand de plus en plus. C'est ainsi que cette branche vient d'être introduite dans le domaine de l'enseignement supérieur officiel : à l'Ecole centrale des Arts et Manufactures. Dans le concours de sortie des élèves de la troisième année consistant en un projet de construction d'une grande usine, il fut décidé que parmi les bâtiments de cette usine, devrait s'y trouver ceux d'une société coopérative complète, comprenant : restaurant pour les célibataires, magasin de vente de denrées, de vêtements, de mobilier et de lingerie, plus une boucherie et une boulangerie. Si on jette les yeux sur les termes mêmes du programme du concours, l'on s'aperçoit aisément qu'ils sont bien conformes au type coopératif démocratique, le seul recommandable et sur lequel je vous donnerai, dans un instant, des détails suffisants pour éclairer votre religion.

On paraît s'être basé, dans la rédaction du programme, sur l'organisation adoptée à Commentry, par M. Gibon, l'intelligent et dévoué directeur des Forges de Commentry et Fourchambault.

C'est un premier pas de fait, et il faut espérer qu'on ne s'en tiendra pas là. Cet enseignement, susceptible d'amélioration sans doute, peut très bien s'étendre aux écoles d'arts et métiers, aux écoles des mineurs, des mines et des ponts-et-chaussées et, lorsqu'elles seront bien organisées, aux écoles professionnelles.

Au mois de Septembre prochain, un congrès coopératif réunira à Lyon les délégués de la plupart des associations françaises, et d'un grand nombre d'associations étrangères. Puisse, Messieurs, ce congrès être fertile en résultats heureux et marquer le point de départ d'un nouveau progrès dans le champ de la prévoyance et de la mutualité par la coopération. Tous les hommes sincèrement dévoués à la cause du peuple, qui est celle de la nation tout entière, le désireront avec moi. Il ne faut pas oublier que la coopération est le meilleur instrument d'émancipation des classes laborieuses et qu'elle peut contribuer, dans une large mesure, à faire cesser la guerre entre le capital et le travail.

Les branches de la coopération sont nombreuses ; il est possible de former des sociétés coopératives pour toutes les industries, pour toutes les affaires, pour toutes les entreprises ; mais je n'ai à m'occuper ici que de l'association de consommation, celle des for-mes, soit dit en passant, qui a donné jusqu'ici les résultats les plus merveilleux.

Parmi les sociétés de consommation, on distingue : l'association patronnée, et l'association libre, mais toutes deux fondées sur la mutualité et la solidarité.

Les deux genres sont également prospères; cependant, le pre-mier renferme un élément vital de succès que le second ne possède pas, et auquel on ne peut suppléer qu'au prix de beau-coup d'efforts. Ces efforts, au surplus, ne sont pas toujours récompensés. Quelquefois, pendant plusieurs années, on nage au milieu de l'incertitude des débuts et l'on ne réussit pas toujours à se maintenir. J'en reviens encore à dire, à ce propos, que l'influen-ce des patrons est considérable pour trancher les questions sociales, et qu'il est impérieux d'y avoir recours chaque fois que la chose est possible.

Mais il y a différentes façons d'entendre le patronage. Le meil-leur, à mon avis, en le cas présent, est le patronage indirect, que je définis : l'assurance du paiement des achats faits au Magasin coopératif, pour ceux qui ne peuvent se soumettre à la pratique du comptant, au moyen de retenues sur les salaires. En outre, les patrons devront aider l'association de leur expérience, de leurs relations et, le cas échéant, de leurs avances.

Il faut se garder de confondre les sociétés coopératives avec ces simulacres d'associations, comme il en existe encore, et qui ne sont au fond qu'une honteuse exploitation alimentaire des ouvriers au bénéfice des patrons.

Il ne faut pas non plus comparer à de véritables sociétés coopé-ratives, ces associations qui n'en ont pour ainsi dire que le nom, ne possédant pas de Magasin, et dont toute la raison d'être est de servir d'intermédiaires entre le marchand et l'acheteur, dans le but de faire bénéficier celui ci d'une remise sur les prix de vente ordinaires. Les réductions, ainsi consenties, sont presque toujours fictives, et les associations de ce genre ne sont profitables, en définitive, qu'aux marchands. En tous cas, il faut avoir soin d'exiger des marchands affiliés, que leurs marchandises soient étiquetées en chiffres connus, et de donner le mot d'ordre aux associés de ne faire connaître leur qualité qu'après avoir fixé leur choix et s'être bien renseigné du prix de la marchandise. Ces précautions me sont suggérées par l'observation des faits.

Mais, quel est donc le véritable caractère des associations de consommation ?

L'association de consommation a pour effet de se réunir et de se cotiser pour acheter en gros, et par conséquent à meilleur marché, les objets nécessaires à la vie, tels que denrées alimentaires, linges, vêtements, chaussures, mobiliers et ustensiles de ménage.

Outre le bénéfice d'un meilleur marché, la société coopérative de consommation présente les avantages suivants :

Elle procure des aliments sains et met à l'abri des fraudes et des sophistications auxquelles a souvent recours le commerce de détail afin d'augmenter la somme de ses bénéfices ; elle apprend l'épargne à l'ouvrier et le conduit à la propriété ; elle présente l'avantage d'un choix plus considérable et d'un renouvellement plus régulier des marchandises ; elle fournit à la ménagère un approvisionnement certain, que l'homme ne peut plus dévorer à moitié, dans une noce, dans un jour de paie ; elle supprime le crédit, cette plaie des pauvres : par la vente au comptant, le consommateur règle ses achats sur sa bourse et ne dépasse pas ses ressources ; elle donne occasion d'être mieux reçu et mieux servi que quand on va à crédit ; elle fait reconquérir la liberté ; elle fait renoncer l'ouvrier au cabaret et contribue ainsi à rétablir la vie et les affections de famille.

Mais il y a beaucoup de précautions à prendre pour assurer la bonne marche des affaires d'une association coopérative. Souvent créée avec des ressources limitées, elle n'est pas toujours sans offrir certaines difficultés de gestion ; il en résulte même souvent des ennuis et des déceptions pour les fondateurs.

Voici quelques règles générales d'organisation auxquelles pourront se conformer ceux appelés à fonder ou à administrer des sociétés de ce genre :

Le règlement interdira formellement toutes discussions politiques et religieuses : c'est de l'ingérence politique dans les questions sociales que vient souvent le mal.

On aura un capital suffisant pour pouvoir acheter dans les conditions les plus avantageuses et avec bénéfice de l'escompte.

On cherchera à obtenir en consignation les marchandises qui ne sont pas d'un écoulement rapide, journalier, et qui laissent des rossignols ; telles sont, par exemple, les étoffes, les chaussures, les coiffures, etc.

Autant que possible, on fera venir la marchandise des lieux de production, afin d'éviter ainsi les frais et les bénéfices des intermédiaires.

On pourvoira les locaux des instruments nécessaires pour se garantir des altérations et des adultérations frauduleuses. Cette précaution est extrêmement importante. Vous savez que l'industrie moderne est parvenue à faire de la farine sans grain, à produire du lait sans vaches, du beurre sans crême, du chocolat sans cacao, à faire du vin sans raisin ; que le poivre livré aux consommateurs est très souvent additionné de trois quarts de poussière, etc., etc. Il faut se prémunir contre toutes ces sophistications.

On se gardera bien de vendre au-dessous des prix ordinaires des autres marchands, c'est-à-dire que l'on vendra les marchandises à leur valeur commerciale réelle, et l'on aura soin de fournir à la clientèle des objets d'excellente qualité.

On tiendra au magasin un livre destiné à recevoir les plaintes des coopérateurs. Ces plaintes seront examinées attentivement et il y sera fait droit chaque fois qu'elles seront fondées.

On cherchera le moyen d'attacher les femmes à l'institution, car elles peuvent beaucoup pour sa prospérité. On les admettra aux assemblées générales et dans les réunions périodiques, que l'on organisera pour parler de la coopération et de ses bienfaits.

On admettra le public comme acheteur et aux mêmes conditions de prix que le sociétaire.

On fera participer tous les acheteurs, associés ou non, aux bénéfices et on leur accordera la faculté de les toucher en argent ou en denrées, ou encore — ce qui vaut mieux — de les laisser au crédit de leur compte dans l'association, sauf à leur servir un intérêt à convenir.

On vendra expressément au comptant. On n'accordera le crédit que s'il est garanti par le patron de l'ouvrier, et, dans ce cas, la durée du crédit ne dépassera jamais un mois. Il n'y a absolument rien d'arbitraire ni d'illégal, quoiqu'on en puisse dire, dans la retenue opérée par le patron sur la main-d'œuvre, lorsqu'il y a convention librement consentie à cet égard entre patron et ouvriers. Il ne faut pas croire non plus que la dignité du travailleur souffre le moins du monde du fait de cette retenue.

On aura soin de toujours réserver une partie des bénéfices pour les ajouter au fonds commun et n'être pas obligé de recourir, à un moment donné, aux capitaux étrangers ; car, autant que possible, on doit éviter l'emprunt afin de ne pas s'exposer à ne pouvoir un jour remplir ses engagements.

On ne confiera la gérance qu'à une personne ayant l'expérience des affaires, qui fait preuve d'un dévouement absolu aux intérêts de la société, et d'une grande probité ; qu'à une personne d'une volonté puissante et persévérante et ayant assez de tact et de fermeté pour diriger convenablement le personnel.

On aura une comptabilité régulière, bien ordonnée et tenue avec une scrupuleuse exactitude.

Pour le service de la vente, on choisira, de préférence, des femmes, parce que d'abord elles se contentent d'un salaire moindre que les employés *hommes*, et ensuite parce que dans tous les travaux qui ne demandent qu'une attention minutieuse, de l'adresse, de la dextérité et du goût, la femme est supérieure à l'homme.

Aucun service ne sera rendu gratuitement dans l'association. « Dans une association commerciale, dit M. Eugène Pelletier, où chacun est libre et ne reçoit qu'en raison de son apport et de son travail, le parasitisme ne trouve de place sous aucune forme. » (1)

Telles sont les idées et les principes généraux sur lesquels il y a lieu d'asseoir l'organisation des sociétés coopératives pour marcher dans la route du succès.

Faute même de telle ou telle petite précaution, insignifiante en apparence, une entreprise utile échoue. « C'est pour avoir omis un détail, raconte Eugène Véron, que presque partout les imitateurs de la société alimentaire de Grenoble ont échoué ; c'est un détail

(1) *Du mouvement coopératif international*, par Eugène Pelletier. — Paris, 1867, Guillaumin et Cie et E. Dentu.

qui a fait la prospérité de l'association de Rochdale. » (2) — association illustre, Messieurs, qui fut l'initiatrice des sociétés de consommation en Angleterre, et dont l'histoire a d'ailleurs été mille fois narrée pour servir de modèle et d'encouragement.

A présent, il ne faut pas se baser sur ce que les associations coopératives de consommation sont en train de prendre un grand essor, pour conclure qu'elles n'ont plus d'obstacles à surmonter et qu'elles sont à l'abri de toute critique. Il faut reconnaitre, au contraire, que le principe même de l'association est toujours plus ou moins déconsidéré chez nous, dans l'opinion publique, et ceux qui se lancent dans la voie de la coopération ont encore à triompher de l'apathie des uns et de l'hostilité des autres.

Mais, en aucun cas, ce n'est là une raison pour se décourager et laisser aller à la dérive une entreprise utile. Je ne sais, Messieurs, si toutes les natures sont trempées de la même façon ; mais, pour ce qui me concerne, lorsque, dans une entreprise, je rencontre de la résistance, c'est surtout alors que je prends goût pour cette entreprise, que je redouble de zèle et d'activité pour la faire triompher. Je ne me décourage jamais. Un premier insuccès ne me fait point peur. Il peut, en certaines occasions, m'abattre un jour, mais le lendemain, au réveil, on est sûr de me retrouver à l'œuvre déployant une énergie et une force nouvelles, que je puise dans le ferme désir de prendre ma revanche et dans ma volonté arrêtée de vaincre. Il doit en être de même chez tous ceux placés à la tête d'un mouvement quelconque, lorsque, bien entendu, on a la conviction que l'on poursuit une œuvre nécessaire ou utile.

Mais, Messieurs, si les équitables pionniers de Rochdale s'étaient arrêtés aux méchants quolibets qui les accueillirent dans le principe de leur association ; si, plus tard, ils avaient cédé devant les réclamations intéressées des boutiquiers qui les exploitaient affreusement, ils ne seraient pas aujourd'hui à la tête de la plus puissante société coopérative du monde, qui fait le juste orgueil des économistes de la fière Albion, et ils n'auraient pas à se réjouir d'avoir montré l'exemple de ce que peut une idée fermement et sagement conduite.

(2) *Les associations ouvrières* en Angleterre, en Allemagne et en France, par Eugène Véron. — Paris, 1865, L. Hachette et Cⁱᵉ.

Je me proposais de vous raconter aujourd'hui l'histoire d'une société coopérative, dans laquelle j'exerce les doubles fonctions de comptable et de commissaire, et de vous faire connaître les résultats que cette société est parvenue à atteindre en très peu de temps ; mais des raisons particulières m'ont déterminé à n'en rien dire.

D'ailleurs, on ne peut plus maintenant nier le succès des sociétés coopératives de consommation en général, lorsqu'elles sont bien organisées et bien administrées. Il résulte des chiffres fournis par la statistique, que la moyenne des bénéfices nets délivrés par ces associations, tant en France qu'en Angleterre, représente 10 p. 0/0 du montant des achats. C'est, me semble-t-il, assez concluant.

Les sociétés coopératives, Messieurs, ont surtout leur raison d'être au milieu des agglomérations ouvrières, et c'est le cas ou jamais de dire que si elles n'existaient pas, il faudrait les inventer ; là donc où elles font encore défaut, il est urgent de les y établir.

Quant aux patrons, ils ont pour devoir de les encourager de leurs énergiques efforts. Espérons qu'aucun d'eux n'y faillira plus bientôt.

Instruction professionnelle

Il fut un temps, Messieurs, où l'on s'effrayait de voir l'instruction se répandre dans les masses. — « Si tout le monde devient savant, disait-on, plus personne ne voudra travailler. Nous n'aurons plus que des avocats, des ingénieurs, des médecins, des hommes de lettres et des comptables. »

D'abord, il est à peine besoin de faire remarquer que ceux qui exercent ces diverses professions sont généralement gens qui travaillent beaucoup, parfois même de trop pour leur santé ; puis, il s'agit bien ici de faire des avocats et des médecins, — ce qui, entre parenthèse, n'est pas aussi facile qu'on le pense.

Non. Le développement de l'instruction professionnelle a pour résultat, non pas de créer une classe de paresseux, mais une classe de travailleurs qui, au lieu de la routine encroûtée des ignorants, apportent dans leur travail l'intelligence et l'art qu'a développés en eux l'instruction. Ce recrutement de travailleurs instruits dans leur profession — qu'il s'agisse d'artisans ou d'employés de commerce, d'industrie et de banque — sera toujours pour le patron une source certaine de bénéfices, parce que ces travailleurs, étant plus habiles, produiront davantage et mieux ; étant plus instruits, ils auront, en général, une meilleure conduite et comprendront mieux leur devoir vis-à-vis de ceux qui les occupent.

A un autre point de vue, et il est besoin de faire ressortir surtout cela ici, l'homme habile est mieux rétribué et il est généralement l'objet de préférences marquées de la part de ses chefs. Je ne m'arrête pas à l'exception ; on en trouve toujours pour confirmer la règle.

Donc, à tous égards, il est utile que l'enseignement profession-nel se répande de plus en plus, et les esprits soucieux de l'avenir commercial, industriel et agricole de leur pays doivent s'en préoccu-per vivement. N'oublions pas que la lutte entre les peuples se fera de moins en moins par des guerres meurtrières et héroïques ; c'est par le commerce et l'industrie qu'on se dispute maintenant l'em-pire du monde, et la victoire restera aux nations qui posséderont l'armée commerciale et industrielle la plus instruite et la mieux organisée. On a répété cela cinquante fois dans ces dernières années.

A part les écoles de commerce et de comptabilité, dont le nombre reste presque stationnaire, on a passablement fait en France, depuis un an ou deux, pour l'enseignement professionnel. On l'a vu, notamment, introduire dans le programme des écoles primai-res — heureuse innovation ayant pour but de préparer l'enfant à l'exercice intelligent et précoce de toutes les professions manuelles, et d'arriver ainsi à mettre les hommes en harmonie avec les nou-velles conditions faites à la société actuelle par le progrès scien-tifique.

Cette entreprise est en excellente voie de succès. Du moins les petites merveilles qui se trouvaient étalées à l'exposition scolaire du Nord, au mois de mai dernier, autorisent à l'affirmer. On a vu là des travaux d'ajustage et de serrurerie, des ouvrages de fer forgé, des boiseries, de la marbrerie façonnée, des plâtres d'ornementa-tion, des socles, des bois sculptés et dorés, des dessins de machi-nes, etc., etc., le tout fort habilement exécuté par de jeunes mains appartenant à cent écoles diverses !

Si, Messieurs, cette application du travail manuel dans les écoles primaires ne tient pas entièrement lieu d'apprentissage, au moins elle y prépare sûrement l'enfant, en lui apprenant à se servir de ses mains et à manier les outils. Il peut ensuite aller se perfectionner aux cours donnés dans les établissements spéciaux d'enseignement professionnel, ou dans les ateliers d'apprentissage comme ceux, par exemple, que possède actuellement la *Compagnie du chemin de fer du Nord* à Tergnier et à Hellemmes-Lille.

Voici, sur l'organisation de l'atelier d'Hellemmes, quelques renseignements qui ne manqueront pas de vous intéresser et qui sont de nature à intéresser particulièrement les chefs d'industrie. C'est l'*Echo du Nord* du 11 Juin 1886 qui me les fournit :

« L'atelier des apprentis pour le travail du fer, à Hellemmes, occupe un espace de 35 mètres sur 14 ; il est en communication avec l'atelier principal au moyen d'une voie spéciale, et lui emprunte la force motrice. La partie médiane de l'atelier est occupée par quatre rangées d'établis portant 40 étaux d'ajusteurs, entre lesquelles sont disposées 22 machines diverses, à fileter, à raboter, à mortaiser, à aléser, etc. Neuf feux de forge, alimentés par un ventilateur, un pilon à ressort de 30 kilogr. et une machine à souder complètent cet outillage.

« A l'atelier des apprentis est annexé un magasin de ferrures contenant les pièces qui lui sont destinées ou qui en proviennent, ainsi qu'un magasin spécial pour les boulons démontés qui sont réparés et transformés par les apprentis.

« Tout en se trouvant sous l'autorité du chef de l'atelier principal, l'atelier des apprentis garde vis-à-vis des services voisins une autonomie relative.

« Il a son existence propre, sa comptabilité distincte ; il est traité dans ses relations avec l'atelier principal ou les autres services, dans les mêmes conditions qu'un fournisseur ordinaire. Il est dirigé par un sous-chef d'atelier spécial, et comprend actuellement 77 personnes, savoir : 1 contre-maître, 55 apprentis de treize à dix-sept ans, 15 moniteurs et ouvriers, 4 gardes-matières et manœuvres, et 2 comptables. Les moniteurs et ouvriers de cet atelier sont recrutés parmi les ouvriers les plus stables et les plus sérieux de l'atelier principal.

« Les apprentis sont exclusivement des fils d'employés ou d'ouvriers de la Compagnie. Ils doivent, au moment de leur entrée, être âgés de 13 ans au moins et être pourvus de leur certificat d'études primaires. La durée noimale de l'apprentissage est de trois années pendant lesquelles ie salaire des apprentis s'élève graduellement de 1 fr. à 2 fr. et 2,50, au fur et à mesure de leurs progrès, le taux de 1 fr. étant un minimum au moment de l'entrée de l'enfant à l'atelier.

« L'importance des travaux qu'on leur donne à exécuter augmente avec l'expérience qu'ils acquièrent, et, à partir de la deuxième année, les apprentis travaillent généralement aux pièces, ce qui leur permet d'ajouter au prix normal de leur journée un excédent de 15 à 20 0/0. Après les trois années d'apprentissage, ils passent comme ouvriers à l'atelier principal, où ils gagnent 4 à 7 fr. par jour, suivant leur habileté. L'ensemble de la production de l'atelier atteint dans le cours d'une année 330.000 pièces, tant retouchées que confectionnées, soit plus de 1.100 pièces par jour. »

Cette institution en pleine prospérité fait grand honneur à la Compagnie du chemin de fer du Nord, et c'est là, dirai-je avec l'auteur de l'article dont je viens de lire une partie, un exemple à méditer et à imiter.

A côté de l'enseignement manuel pour garçons, il y a l'enseignement manuel pour filles. Ce dernier est aussi d'une grande importance pour la classe ouvrière, et il mérite qu'on s'y attache beaucoup. Je ne fais allusion ici qu'aux *écoles ménagères*.

Vous avez sans doute tous entendu parler déjà de ces écoles où les filles apprennent à coudre à la main et à la machine, à couper, à lessiver le linge, à repasser, à rincer la vaisselle, à cuire les légumes et les viandes, à préparer la soupe, à pétrir le pain ; de ces écoles, en un mot. où les enfants sont initiées à tous les soins, travaux et occupations qu'exige un ménage pour être bien tenu.

Cette institution est l'une de celles qui sont appelées à rendre de grands services à l'humanité. Elle est, par malheur, trop peu répandue. C'est toujours le défaut. Ici encore les chefs d'industrie, les patrons ont une excellente occasion de prouver leur sollicitude en faveur des vaillantes populations ouvrières. Il faudrait qu'à côté de chaque Etablissement important, dans toutes les agglomérations industrielles, ou vit s'installer de ces écoles qu'on pourrait, par mesure d'économie, annexer aux écoles primaires déjà existantes dans la plupart des centres. Après avoir appris aux petites filles à lire. à écrire et à calculer, on les familiariserait, par la pratique, avec tout ce qu'embrasse l'ordre et l'économie domestique. L'éducation ainsi organisée serait rendue obligatoire pour toutes les filles de tous les ouvriers occupés dans les établissements. Qu'on veuille me croire, ce serait là rendre un service immense au malheureux travailleur ; car une des causes les plus palpables de la misère qui règne à son foyer, c'est souvent le manque d'éducation de la femme, c'est son ignorance des notions vraies sur les questions d'ordre et de prévoyance.

N'y aurait il pas même, à ce propos, une réforme à accomplir dans le domaine de l'enseignement public pour filles ? Je suis sûr qu'un grand nombre opineront dans le sens favorable de la question.

Enfin, Messieurs, pour revenir à l'enseignement technique industriel et commercial, attendons-nous à le voir bientôt entrer dans une nouvelle ère de prospérité. Ce qui me porte à le croire, c'est la préparation qui est faite en ce moment, par les soins de la *Société philomathique de Bordeaux*, d'un Congrès international ayant pour objet cet enseignement.

La date du Congrès, pour lequel le haut patronage de MM. les Ministres du Commerce et de l'Instruction publique est assuré, est fixée au 20 Septembre prochain. J'ai vu le programme des questions qui y seront traitées, et je l'ai trouvé pleinement répondre à presque tous les besoins que suscite le sujet si important de l'enseignement professionnel. Nos vœux, Messieurs, accompagnent les organisateurs pour la réussite de l'œuvre qu'ils ont entreprise.

Messieurs, j'ai fini l'exposé des institutions que je m'étais promis de vous faire.

Nécessairement, pour traiter un sujet de cette nature, j'ai été forcé de vous offrir un discours passablement décousu. J'aurais dû, en commençant, réclamer votre indulgence à cet égard, et j'en avais bien l'intention ; mais la chose m'a échappé. Je constate néanmoins, avec une vive satisfaction, en terminant, que je n'ai pas eu besoin de le faire pour mériter votre bienveillance, et je vous en remercie sincèrement.

Une seule chose m'a préoccupé en apprêtant ma conférence : arriver à faire pénétrer dans l'esprit de chacun de mes auditeurs la lumière de certaines vérités sociales. Heureux, si j'y suis parvenu ; heureux surtout si mon étude, que je destine à la publicité, est appelée à produire quelque bien.

De tout ce que j'ai eu l'honneur de vous dire, Messieurs, il est un point essentiel, dominant, à retenir et sur lequel j'attire une dernière fois toute l'attention : c'est la nécessité économique qu'il y a, pour les conditions actuelles et pour l'avenir, d'enraciner plus profondément dans les mœurs l'esprit d'association. Pour moi, Messieurs, j'ai foi dans l'action progressive des associations, des associations patronnées principalement ; et c'est par le bon exemple, par les bienfaits, par la persuasion qu'on parviendra à atteindre le but désiré.

Certes, je ne veux pas prétendre que l'harmonie régnera entièrement sur la terre après que les associations d'épargne et de prévoyance en général auront accompli tout le chemin qu'elles ont à parcourir, mais ce que je pense savoir, c'est que la misère dont souffre tant d'êtres humains aura fait place alors à un bien-être relatif.

Et ces institutions ne sont pas seulement nécessaires, je le répète, dans l'intérêt des classes laborieuses, mais elles le sont aussi dans l'intérêt propre de ceux qui possèdent, elles le sont dans l'intérêt de la société tout entière ; chacun, en effet, trouvera en elles un gage de sécurité, et, qui plus est, de satisfaction et de bonheur. (*Vifs applaudissements*).

DU MÊME AUTEUR :

1° TRAITÉ SUR LES VÉRIFICATIONS DE COMPTABILITÉ (2me ÉDITION REVUE ET AMÉLIORÉE). . . . . PRIX : FR. 3 »»
2° ÉTUDES ADMINISTRATIVES ET BUREAUCRATIQUES DES MAISONS DE COMMERCE, D'INDUSTRIE ET DE BANQUE . . . 2 »»

Partie des opinions émises sur ces deux ouvrages :

TRAITÉ SUR LES VÉRIFICATIONS DE COMPTABILITÉ

(Extrait du *Bulletin semi-mensuel* de la librairie de l'Office de Publicité, à Bruxelles, en date du 15 avril 1885) :

« Le succès qu'obtient en France cette 2e édition du livre de M. Michaux, nous fait augurer du bon accueil qu'elle recevra également chez nous.

« Un grand nombre de journaux ont fait, en termes des plus flatteurs, l'appréciation de cet ouvrage. Nous reproduisons ci-dessous quelques comptes-rendus puisés dans des *Revues* dont on ne contestera pas l'autorité. Le public pourra ainsi s'inspirer de l'utilité et de l'importance du livre que nous lui offrons. »

« M. Edouard Michaux vient de faire paraître la 2e édition, revue et améliorée,
« de son *Traité sur les Vérifications de Comptabilité*, ouvrage tout spécial que
« nous recommandons à nos lecteurs, car, aujourd'hui, personne ne peut rester
« étranger aux règles de la comptabilité, ne fût-ce que pour en exercer le
« contrôle, qu'on soit directeur de mines ou d'usines, administrateur de Sociétés
« industrielles, commerciales ou financières, commissaire-censeur de ces Sociétés,
« etc.

« Si, comme nous le disait avec raison le chef-comptable d'une de nos grandes
« Sociétés houillères, la comptabilité n'a jamais fait gagner un sou à une
« Compagnie, elle permet, quand elle est bien établie, d'éviter des déceptions
« comme celles qui se révèlent malheureusement si souvent et dont sont victimes
« les actionnaires.

« C'est pour permettre aux intéressés de vérifier en connaissance de cause des
« écritures faussées (sciemment ou inconsciemment) que M. Michaux a condensé,
« dans un petit volume, les principes à l'aide desquels il devient facile de démas-
« quer les fraudes. Il a divisé son ouvrage en deux parties : dans la première, il
« énumère les causes qui donnent ordinairement lieu à des vérifications de
« comptabilité ; dans la seconde, il enseigne les moyens de vérifier les différents
« systèmes de tenue des écritures, tant bien ordonnées que défectueuses. Nous

« devons nous borner ici à citer les principaux chapitres de chacune de ces deux
« parties.

« La première comprend : la négligence dans la tenue des écritures ; le défaut
« de contrôle ; les expédients ; l'inexpérience du comptable et les fraudes.

« Les trois chapitres de la deuxième partie sont consacrés à l'examen d'une
« comptabilité bien ordonnée, à celui d'une comptabilité désordonnée et à la
« constatation des fraudes. L'ouvrage se termine par l'examen des formules que
« doit remplir un rapport d'expert.

« L'utilité de l'ouvrage de M. Michaux est indiscutable, sa lecture est féconde
« en enseignements et elle nous a conduit à cette conclusion qu'un comptable
« infidèle ou incapable est toujours un être malfaisant ! »

(La Houille, n° du 18 février 1883).

« Nous avons reçu ces jours derniers un exemplaire d'un ouvrage intéressant.
« Il a pour titre : *Traité sur les Vérifications de Comptabilité*, par M. Edouard
« Michaux.

« En écrivant son livre, l'auteur a voulu faciliter la tâche à ceux qui, soit par
« position, soit autrement, sont appelés à se livrer à l'examen d'écritures
« commerciales.

« Le sujet est traité avec un véritable talent de comptable et d'écrivain.
« Ce travail contient une longue série de faits extrêmement curieux que
« liront avec un vif intérêt tous ceux qui ont des capitaux engagés dans les
« affaires.

« Chaque jour on voit des maisons sombrer et entraîner dans leur ruine une
« foule de petits négociants, de petits industriels, de petits particuliers qui leur
« avaient confié leur argent, et cela souvent parce qu'un œil vigilant manquait
« dans ces maisons pour surveiller la marche des opérations et contrôler les
« écritures. Que de fois, en effet, celles-ci ne recèlent-elles pas des fraudes
« nombreuses ?

« Aussi nous ne saurions trop recommander la lecture de ce livre à ceux
« qu'intéresse une bonne comptabilité. »

(L'Ancre de Saint-Dizier, n° du 21 février 1883).

« Nous avons parcouru avec un vif intérêt le *Traité sur les Vérifications de
« Comptabilité*, par M. Edouard Michaux, et nous avons constaté que, malgré
« tout ce qu'on a déjà écrit sur la science comptabiliaire, l'auteur a pu encore
« glaner bien des choses utiles dans son champ, si vaste d'ailleurs.

. . . .

« En somme, livre important et digne d'être lu et consulté par tous ceux
« auxquels il s'adresse : industriels, commerçants, banquiers, commissaires et
« administrateurs de Sociétés, etc. »

(Le Nord Métallurgique, n° du 21 février 1883).

M. Georges de Laveleye, à son tour, accusant réception du livre de M. Michaux
dans le *Moniteur des Intérêts Matériels* du 11 février 1883, en recommande la
lecture, « *ce traité étant*, dit-il, *rempli d'observations judicieuses.* »

ÉTUDES ADMINISTRATIVES ET BUREAUCRATIQUES

Paris, le 14 octobre 1884.

Monsieur Ed. Michaux,

Je vous remercie sincèrement de votre livre *Etudes administratives et bureau cratiques*, etc., que je viens de lire avec une véritable satisfaction. Vous y soutenez des idées qui me sont chères et que je m'efforce sans cesse de vulgariser, et je suis on ne peut plus heureux de me rencontrer en si complète union de vues avec un esprit clairvoyant, pratique et judicieux comme le vôtre.

Qui n'entend qu'une cloche n'entend qu'un son, dit-on. On en entendra deux dorénavant. Le bruit qu'elles feront finira-t-il par attirer l'attention ?

Votre opinion sur le livre de Guilbault est la bonne. Nous travaillons à une œuvre commune qui, je l'espère, réunira les qualités de théorie, de pratique et d'exposition méthodique désirables.

Encore une fois, Monsieur, toutes mes félicitations, ainsi que l'assurance de ma bien sympathique estime.

E. LÉAUTEY, (O. A.),
Publiciste, Auteur des *Questions actuelles de Comptabilité*,
Chef de bureau au Comptoir d'Escompte de Paris.

Marseille, le 25 octobre 1884.

J'ai lu avec beaucoup d'intérêt votre travail et je vous en félicite sincèrement. Vous donnez aux patrons et aux employés les conseils d'une excellente philosophie.

Vos idées d'organisation me semblent justes et je suis heureux de voir que vous cherchez, comme moi, à faire sortir notre science de son état d'infériorité pour l'élever au niveau qui lui convient.

Ne vous arrêtez pas en chemin.

Veuillez agréer, etc.

A. GUILBAULT,
Auteur du *Traité de Comptabilité et d'Administration industrielles*, Inspecteur
à la Société Anonyme des Forges et Chantiers de la Méditerranée.

Paris, 19 juin 1885.

Je vous remercie de votre brochure ; bien qu'elle soit en partie technique et traite des sujets dont la compétence m'échappe, j'y vois une sollicitude pour les questions morales qui est aussi élevée que recommandable.

A. DELAIRE,
Secrétaire-Général de la *Société d'Economie Sociale*
et des *Unions de la Paix Sociale*.

Paris, 16 novembre 1884.

J'ai examiné très attentivement les *Etudes administratives et bureaucratiques* que vous m'avez fait l'honneur de m'adresser en me demandant de vous faire connaître mon opinion sur cet ouvrage.

Mon appréciation, Monsieur et cher Collègue, est entièrement favorable à vos travaux et à la manière concise et pleine d'intérêt dont vous exposez les idées que nous nous efforçons de propager.

Je suis heureux de vous offrir mes bien sincères félicitations pour la place marquée que vos Études occuperont dans le grand mouvement commercial et industriel dont la crise économique a provoqué l'énergique réveil.

Développer en France le goût et l'habitude du négoce, compléter en les perfectionnant l'outillage et l'administration de nos établissements commerciaux et industriels n'est pas seulement, aujourd'hui, faire œuvre utilitaire, c'est faire réellement œuvre patriotique.

Ces considérations doivent vous être le garant, Monsieur et cher Collègue, de ma vive sympathie pour vos recommandables efforts.

Henri ROMBAU (O.A.)

Professeur à l'Ecole des Hautes Etudes Commerciales, à l'Institut Commercial, etc., Secrétaire-Général de la Société Académique de Comptabilité.

« On reconnaît tout-à-fait dans l'auteur une personne fort au courant des bonnes règles de la comptabilité et de l'administration ; un observateur attentif, désireux d'apporter le progrès là où il n'y a qu'obscurité et confusion. »

(Extrait d'un article bibliographique de la Rivista di Amministra-zione e Contabilita, de Como (Italie), mois d'août 1886).

Les Etudes Administratives et Bureaucratiques des Maisons de Commerce, d'Industrie et de Banque, par M. Edouard Michaux, auteur de l'excellent *Traité sur les Vérifications de Comptabilité*, viennent de paraître à la librairie Guillaumin, rue Richelieu, 14.

Dire ce que sont les employés et leurs rapports avec leurs chefs et dire ce que devraient être les uns et les autres ; signaler les abus, indiquer les moyens de les empêcher, tel est le but de cette brochure qui respire à chaque page ces sentiments de solidarité et de dignité indispensables au relèvement moral et matériel de la corporation tout entière.

« Seul à combattre la médiocrité, la routine et le favoritisme, abandonné à ses
« propres forces, l'auteur craindrait pour le succès de la campagne qu'il entre-
« prend, s'il ne comptait sur l'appui d'un grand nombre de ses confrères comp-
« tables au talent, à la bonne volonté et au courage desquels il adresse un
« énergique appel. »

Il propose de former une *Ligue*. « Pour réussir, dit-il, nous avons besoin
« d'être nombreux et forts. A l'œuvre donc ! Il importe que nous fassions resplen-
« dir la vérité à tous les yeux et que nous tuions l'erreur. Il faut que nous
« entraînions les patrons et l'opinion publique avec nous, que nous les con-
« vertissions aux idées de progrès dans l'application de notre art et de notre
« science. » (Revue de la Comptabilité, n° du 20 octobre 1884).

Imprimerie GIARD et SEULIN, Seulin et Dehon, Successeurs